高校教育教学管理与创新发展

刘　红　徐婧雯　王晓光◎著

吉林人民出版社

图书在版编目（CIP）数据

高校教育教学管理与创新发展 / 刘红 , 徐婧雯 , 王
晓光著 . -- 长春 : 吉林人民出版社 , 2024. 11.
ISBN 978-7-206-21683-1

Ⅰ . G647. 3

中国国家版本馆 CIP 数据核字第 2024N8W051 号

责任编辑：王　斌
封面设计：王　洋

高校教育教学管理与创新发展

GAOXIAO JIAOYU JIAOXUE GUANLI YU CHUANGXIN FAZHAN

著　　者：刘　红　徐婧雯　王晓光
出版发行：吉林人民出版社（长春市人民大街 7548 号　邮政编码：130022）
咨询电话：0431-82955711
印　　刷：三河市金泰源印务有限公司
开　　本：787mm×1092mm　　　1/16
印　　张：10. 5　　　　　　字　　数：150 千字
标准书号：ISBN 978-7-206-21683-1
版　　次：2024 年 11 月第 1 版　　印　　次：2024 年 11 月第 1 次印刷
定　　价：68. 00 元

前　言

随着我国经济社会的快速发展及改革的不断深化，21世纪的高等教育宏观环境和微观状况发生了巨大变化。在此背景下，社会对高等教育的要求不断提高，强调培养具备创新精神和实践能力的人才。教育教学管理，作为高校核心工作之一，既是保障人才培养质量的关键，也是推动学校整体运行的核心。然而，在我国高校规模不断扩大的形势下，教育教学管理方面的问题也逐渐浮出水面。为应对新挑战，强化和完善高校教育教学管理体系建设变得迫在眉睫。这既需要我们深入研究和探索教育教学管理的实践与创新，也要仔细剖析当前形势下加强高校教育教学管理的意义及其面临的重点难点，并积极寻求切实有效的解决策略。通过以上努力，我们有望为高校教育教学管理工作营造一个更为健康、可持续和良性的发展环境，进而更好地满足国家和社会对高素质人才的需求。

本书致力于全面探讨高校教育教学管理的各个方面，旨在构建理论与实践之间的沟通桥梁。全书共分为四章，深入剖析高校教育教学现状及未来发展趋势。第一章聚焦于高校教育教学基本理论，通过剖析教育本质与特点，以及教育理念的历史演变，为后续讨论奠定坚实的理论基础。第二章探讨高校教学管理的信息化建设，关注信息化背景下的教学管理改革，探讨如何利用现代信息技术构建教学管理体系，为高校提升管理水平提供理论支持和实践指导。第三章关注课程管理的创新与发展，提出一系列具体改革措施，如优化课程结构、更新教学内容等，以提高课程设置的科学性和灵活性。第四章探讨高校教育教学实践创新，从教育理念、教学方法、课程设计到评价体系等多个层面，提出切实可行的创新方案。

　　本书通过系统地整理和深入研究高校教育教学的理论与实践，为我国高校教育教学改革和创新提供宝贵的参考和指导。在新时代背景下，我们希望本书能助力高校培养更多高素质和创新能力的人才。同时，期待本书能引起教育领域的广泛讨论和关注，为推进高校教育教学的持续发展贡献力量和智慧。

目　录

第一章　高校教育教学相关理论

第一节　高校教育教学概述

一、高校教育教学的功能与作用

高校教育教学的功能与作用，主要根源于教师、学生和社会的三重需求。随着高等教育的发展和受教育人群的扩大，"以人为本"的教育理念逐渐取代了传统的社会本位思想。在这一转变过程中，教学活动的目标开始更多关注教师和学生的个人需求。教师通过传授知识，不仅促进自身专业发展和学术探索，还能获得成就感；同时，他们还肩负着引导学生掌握专业技能的责任。学生则根据个人兴趣和社会需要选择高等教育，并积极参与学习活动，以实现身心和智力的全面发展。值得关注的是，社会对高校教育的需求可能呈现多层次特点，而教师与学生的教学活动需求则更趋向个性化且难以明确界定。正确认识并妥善处理这种差异性，将有助于推动教学方法的创新与发展，更好地满足各方需求，从而提升高校教育教学质量。

二、高校教育教学的主体与环境因素

教学活动的基础由教学主体和教学环境共同构成。教学主体是有目的、有意识地参与教学实践和认知过程的人，他们在其中发挥着核心作用。这里的"人"包括现实存在的个体、处在动态发展中的个

体，以及个体与群体相统一的存在。学生作为教学活动的重要主体之一，同样具有重要意义。教学环境是指除教学主体之外，所有影响教学活动的物质条件、时间空间因素和媒介关系等。虽然环境在教学过程中处于辅助地位，但对于实现教学目标具有至关重要的影响。一个良好的教学环境能促进教学活动的有效开展，为师生提供一个支持性强、互动性高的学习空间，能更好地满足教学主体的发展需求。

三、高校教育教学的形式与内涵

高校教育教学的活动形式与内容，是教学过程中最具活力与具体性的表现。它们不仅揭示了内容与形式之间的对应关系，也体现了形式与环境的协调，以及直接参与者（教师与学生）与间接参与者（教学管理者）在一致性管理特征下的互动。教学活动的形式是内容、环境与主体三者融合的产物。如课堂教学、课外练习和社会实践等，都是这三者不同组合的生动展示。从教学活动的主体角度来看，教学形式可分为讲授、听课和师生研讨等多种形式，每种形式下各主体的角色和作用各具特色。高校教育教学的内容与教学目标紧密相连。尽管我国高校教育的计划性逐渐减弱，但总体上仍具有较强的规划性。这表明，从国家或社会需求出发，对专业人才所需的知识与技能体系有一个系统的规划和安排，教学内容则按照这些规划逐步展开。近年来，我国越来越重视教师和学生的主动性，给予他们在教学内容选择上更大的自主权。然而，实现教师完全自主决定教学内容，以及学生在完全学分制下自由选择课程的目标仍有一定距离。尤其在学生职业规划与学校学业指导方面，短期内仍面临诸多挑战，有待进一步完善和发展。

四、高校教育教学的特征与过程

高校教育教学的特点与过程紧密相连，后者是一个循序渐进、不断发展的过程，不存在一蹴而就的教学活动。因此，许多学者倾向于用"教学过程"这一术语来代替"教学活动"，并专注于研究其中的各个环节，以全面反映教学活动的动态和连续性。然而，过程性并非高校教育教学所独有。将"教学过程"与"教学活动"等同看待并不恰当。高校教育教学在教学内容、方法、师生互动、学生自主学习能力培养及综合素质发展等方面，无论在瞬时观察还是在整体效果分析上，都表现出其独特且显著的特点。通过区分和了解这两者之间的关系，我们能更好地把握高校教育教学的本质，不断优化和完善教学策略，从而促进学生全面发展。

高校教育与基础教育的主要区别在于其专业性和系统性。高校教育建立在基础教育之上，高校教育旨在提供更深厚的专业知识，教学目标和内容根据知识体系设计，教学组织形式则按照专业划分。同时，高校教育教学强调综合性认知，即使在最专业的课程中，也会融入基本素质和能力的训练，确保学生在专业知识学习的同时，全面发展综合素质。高校教育教学的影响是多元化的。除了传统的课堂教学、作业和练习等显性教学活动，还有诸如学术报告会、参观学习、社会调查以及教师对学生得体的表扬或批评等隐性教学活动。这些看似非正式的教学活动实则具有深远的教育意义，潜移默化地影响学生的思想和行为。教育中的"启发"和"养成"正是指这种隐性教学活动的功能。

此外，高校教育教学还将教学活动与科研活动紧密结合。科学研究作为人类探究世界的实践活动，在高校教育教学中不仅是一种知识传授过程，更是一种引导学生认知和探究世界的方法和组织方式。本科生教学初步引入这一理念，研究生教学则将其深化，实现认识已知与探索未知的统一。在这种模式下，教师和学生在各自的教学、学习任务中都能实现理论学习与实践探索的结合，培养出具备研究能力和创新精神的人才。

综上所述，高校教育教学是通过专业性与综合性的结合、显性教学与隐性教学的结合，以及教学活动与科研活动的结合，既传授专业知识，又注重学生全面发展，培养既有深厚专业素养又具备综合能力的高素质人才。

五、高校教育教学的组成要素

高校教育教学涉及广泛，涵盖了学校为实现人才培养目标所开展的各类活动。鉴于各高校、各学科专业的培养目标、质量标准及层次需求各异，高校教育教学活动呈现出较大的差异性。然而，从单个教学活动单元的结构来看，它们都是由一些基本相同的要素组成，构成一个开放性系统。不同的教学情境则是由这些要素的不同组合而构成。

关于高校教育教学活动的构成要素，各种研究视角和观点层出不穷。有的从共时性角度出发，有的从历时性角度分析；有的关注关系层面，有的聚焦表象层面；有的深入探讨深层结构，有的则关注表层结构。这些不同的分析角度导致了各异的结果，从"三要素说"（教师、学生、教材）到"七要素说"（学生、教学目的、教学内容、教学方法、教学环境、教学反馈、教师）的划分，呈现出巨大的差异。客观而言，这种差异并无不妥，尤其是更为精细的结构划分，只要逻辑上无重复或遗漏，精细的分析应予以提倡。综合高校教育教学活动的特点，我们认为一个较为完整的具体教学活动应包含以下六个要素。

教学主体：传统上，教学主体被简单地划分为教师和学生。然而，基于高校教育教学的特殊性，教师与学生应被视为共同主体，共同参与教学活动。

教学目的：教学目的是教学活动的基本要素，存在于不同层次上，如专业培养方案、课程设计和具体课堂。教学目的包括一般要求和具体内容、技能目标。

教学信息：教学信息不仅限于教材，还包括所有传授知识和技能的教学资源。现代教育资源的丰富使得教学信息载体多样化。

教学媒介：教学媒介指教学方法及实施手段，包括传统教学方法和现代教学技术。教学媒介的作用是传递教学知识和信息，提高教学效果。

教学组织：教学组织涉及时间、空间安排，参与人员规模和教学秩序维护。良好的教学组织是教学活动顺利进行的关键。

教学环境：高校教育教学环境对教学活动具有重要影响。精心选择、调节和控制教学环境，有助于教学主体更好地追求真理、掌握知识和发展身心。通过这六个要素的有机结合，高校教育教学活动将更加系统化和高效化，助力人才培养目标的实现。

六、高校教育教学模式

（一）"集中式"教学模式

集中式教学作为一种传统的教学模式，是以教师为中心，主要强调教师在教学过程中的主导作用。在这种模式下，教师按照统一规定的课程内容和教学时数，将学生集中起来，按照学校的课程表进行分科教学。在教学规模较小的情况下，这种模式具有较高的经济性和有效性。

集中式学习的优点主要包括：

教师主导作用：教师能够更好地组织和监控整个教学活动的进程；

教学管理：有助于有目的、有计划、有组织地进行教学；

自然学科学习：集中式学习便于进行演示、分解和剖析等操作，适用于自然学科的学习；

情感交流：有利于学生之间以及师生之间的情感交流，充分体现情感因素在学习过程中的重要作用。

然而，集中式学习也存在一些弊端：

时间与空间矛盾：无法解决学生在学习过程中面临的工学矛盾、家庭与学习的冲突，以及分散居住与集中学习的不便；

忽视自主性：集中式学习未能充分考虑到成人学生在学习过程中的自主性和独特性；

标准化问题：过分强调标准化、同步化和模式化，追求整齐划一的目标，可能限制学生的知识扩展和个性化发展。

为提高教学质量并满足不同类型学生的需求，建议采取以下措施对现有单一教学模式进行改革：

灵活安排：提供更加灵活的学习时间和地点，满足不同学生的需求；

个性化教学：注重学生的自主性和独特性，提供更多个性化的学习路径和支持；

混合式学习：结合线上和线下教学，利用现代技术手段，实现更加高效和灵活的教学；

互动与反馈：加强师生之间的互动和反馈机制，确保学生能够得到及时的支持和指导。通过这些改革措施，有望提升整体教学质量和效果，更好地满足各类学生的需求。

（二）"分布式"教学模式

随着社会经济和信息技术的快速发展，社会对高素质、高学历专业技术人员的需求日益增长，这对我国高校教育提出了更高的要求，并对传统的教学模式构成了巨大挑战。

计算机网络技术的发展为教学提供了新的可能性。通过网络，教学内容可以实现远距离传播，学生不再需要集中在一个地点，面对面接受教师的传授。电子邮件等工具支持学生之间以及师生之间的交流与合作，帮助解决学习中的问题，并开展各种讨论。因此，一种新兴的"分布式"教学模式应运而生，并得到国家高校教育政策的倡导和推广，在全国各地的办学实践中得到广泛应用。

分布式教学是一种建构主义远程教育形式，它倡导学习环境的设计理念，将传统以教师为中心的教学模式转变为以学习者为主体的教学模式。这种模式注重为学习者提供丰富的资源，帮助他们自主建立自己的认知和理解。通过这种方式，分布式教学不仅提升了教学的灵活性和可及性，还更好地满足了现代社会对个性化和自主学习的需求。

分布式教学作为一种新兴的教育方式，核心在于突破传统教育的时空约束，为学习者提供更加灵活的学习选择。这一模式在全球范围内备受关注，各国学者对其内涵有着不同的理解。部分美国及其他国家的研究者将分布式教学与远程教育等同，认为它涵盖了所有非面对面教学活动。另一种观点则将其视为开放与远程教育领域中新技术应用带来的变革。还有一种看法强调了分布式教学作为人机交互工作整体的一部分。

虽然分布式教学的定义各异，但其本质是一种以分布特点为核心的教学方法。它不仅推动了面对面教育与开放远程教育之间的融合，也强化了以学生为中心的教育理念，更为高效地满足个体学习需求。此外，分布式教学提醒我们应根据环境变化调整教学策略，以适应社会经济发展和新型人才培养需求。在这种教学模式下，即使身处不同地理位置的学生也能协同合作，共同完成任务，跨越地理障碍实现合作。此模式并不依赖特定机构，而是更注重构建一个促进跨区域协作与交流的学习生态系统。总之，分布式教学代表了一种面向未来、高度适应性的教育理念，旨在打造一个无边界的学习社区。

教育全球化推动了分布式教学环境的发展，以满足来自不同文化背景的学习者需求。这一模式被视为未来教育的重要方向，它将传统课堂教学与远程教育相结合，创造出更加高效的教学体验。在分布式教学框架下，学生无论参与远程教育还是集中式学习，都能获得更广泛、更多样的学习资源。这种教学模式突破了传统课堂对教师或单一机构的依赖，鼓励学生通过现代信息技术，利用全球范围内的教育资源进行学习。因此，分布式教学强调了资源分布的特点。

分布式教学不仅丰富了可获取的知识资源，还为传统教育提供了有效补充。如通过电子邮件提交作业、在线答疑、利用网络平台与教师、同学或行业专家互动等。尤其对于成人教育，分布式教学优势显著：它缓解了成年人工作与学习、家庭责任和个人成长之间的冲突；拓宽了知识获取渠道；提高了学习过程的灵活性和个人自主性；并促进了探索性和研究性学习技能的发展。总之，分布式教学代表了一种更加开放包容、高度个性化的新型教育途径。

（三）"双元制"教学模式

"双元制"教学模式，亦称"双轨制"，源于德国，其历经一个多世纪的发展，是一种结合了理论与实践的教育模式。这种模式将职业教育分为两个主要部分：学校和企业。学校负责传授基础文化知识和技术理论，企业则专注于职业技能的实践培训。其目的在于为学生构建全面的知识体系和技术能力，使他们毕业后能立即胜任岗位工作，并为终身学习奠定基础。"双元制"的核心特点主要有几个方面。教育场所：学生的学习活动在企业和学校两个场所进行；身份角色：学生同时拥有学生身份和职业身份，既是学生，也是学徒；师资力量：企业内由实训技师（师傅）负责技能培训，学校则由专业教师讲授理论课程；课程设置：企业内的技能训练遵循政府制定的培训大纲，学校教育则按照国家及地方教育部门的教学计划进行；管理体系：企业培训受政府部门相关法规监管，学校教育由教育主管部门依据教育法规进行管理；资金来源：企业承担内部培训全部费用，学校教育资金来自政府拨款和个人学费；目标导向：培训过程以培养市场需求的职业技能为核心，确保毕业生能满足社会对各类岗位的需求。通过上述方式，"双元制"有力地推动了理论与实践的结合，促进了教育机构与产业界的紧密合作，为学生提供了更接近实际工作环境的学习体验。

自 20 世纪 90 年代起，双元制教学模式被引入我国，并在高等教育领域逐渐崭露头角，成为一种高效且独特的人才培养模式。多年的实践与发展使这一模式在多个专业领域取得了显著成果，尤其在汽车维修、钢铁生产、保险服务、物业管理、机械制造及医疗卫生等行业中得到了广泛应用。双元制教学模式为我国成人教育的发展提供了丰富的经验和有益借鉴。通过实践观察，我们可以发现"双元制"具有四大优势。

一是提升职业技能和实践经验。"双元制"以职业能力为核心，强调理论与实践相结合。学生在掌握专业知识的同时，能在企业实习中积累实际工作经验，从而显著提升职业技能水平，更贴近职场需求。

二是加强校企合作和社会互动。双元制模式下的高校打破了封闭办学的传统，强化了与企业和行业的联系。学校与企业共同培养人才，使高校更能准确把握市场和社会对人才的需求，调整课程设置，避免盲目性。

三是促进教师队伍成长与发展。双元制模式推动了教师团队的专业发展。教师需不断更新行业知识、提高实践能力，实现从纯学术型向兼具理论与实践经验的复合型教师转变。

四是丰富课程内容和创新教学方法。受德国"双元制"启发，我国许多高校改革课程体系，增加实用性内容。同时，教学手段也日益丰富，如引入项目式学习、案例分析等新型教学法，全面提升教学质量。

综上所述，"双元制"作为一种融合学校教育与企业培训优势的教育模式，在我国已证明其价值。它不仅有助于提高学生就业竞争力，还为我国职业教育现代化转型提供了有力支持。

第二节　高校教育教学观念及其发展变化

一、高校教育理念及其核心要素

（一）高校教育教学活动主体

在教育理论中，关于教学活动中主体角色的讨论主要围绕三种观点展开：教师中心论、学生中心论及双主体论。

教师中心论，源于赫尔巴特等教育家的思想，长期以来主导着教育研究和教学实践。这一理论强调教师在教学过程中的核心地位，认为教师是唯一的主动参与者，而学生则是被动接受者，与教学内容共同构成教师活动的对象。在这种模式下，学生的角色主要是被教师塑造和改变的客体。

学生中心论，以杜威为代表，提出了与教师中心论截然不同的看法。该理论主张学生才是教学活动的核心主体，而教师和教学内容的作用在于辅助和支持学生的成长和发展。根据这种观点，教学过程应紧密围绕学生的需求和兴趣展开，教师的角色更多地体现在为学生提供必要的资源和指导上。

双主体论，是对前两种单一主体论的一种融合与发展。它认为，在一个优质的教学过程中，教师和学生都扮演着至关重要的主动角色。教学活动的成功并非取决于任何一方单独的努力，而是师生双方相互作用、共同协作的结果。在这种框架下，教学内容、设施及环境等因素被视为支持性元素，它们的存在是为了更好地促进师生之间的互动与合作，从而达到最佳的教学效果。双主体论旨在构建一种更加平衡和谐的教学关系，既强调教师的专业引导作用，也充分调动学生的学习积极性和主动性。

对教学活动中主客体角色的探讨，其逻辑起点在于哲学中的主体概念是基于本体论还是认识论的观点。从本体论的角度来看，主体只能有一个；而从认识论的角度出发，根据不同的认识活动角度，可以得出不同的主体结论。

教学是一个复杂的系统，可以从多个维度来理解其中的主客体关系。

1. 从社会活动实践关系来看，教师作为引导者和知识传授者，自然是教学活动的主体，而学生则是接受教育的对象，即客体。

2. 从教学活动的价值关系来看，学生的成长和发展是教学的核心目标，因此学生应当被视为主体，教师则成为辅助和支持的角色，即客体。

3. 从认识活动的整体关系来看，教师与学生都是认知过程中的积极参与者，共同构成了教学活动的主体。此时，教学内容、设施等其他因素则成为支持性客体。

加深对教学活动中主体角色的理解，有助于更有效地调动各方的积极性。单方面强调教师为主体的观点，虽然能够激发教师的工作热情和责任感，但如果忽略了学生的主动参与，长期下来可能会导致教学效果不佳，进而削弱教师的积极性。反之，过分强调学生的主体地位虽然有利于培养学生的自主学习能力和全面发展意识，但若缺乏教师的有效指导，学生也可能难以达到预期的学习效果。

相比之下，认可教师和学生在教学中都具有主体地位的理念更为全面。这种双主体观念不仅能够充分发挥教师的专业引领作用，还能有效激发学生的主动性和创造性。在高校教育的具体实践中，这一理念尤为适用。因为高等教育不仅要求学生掌握已有的知识，还鼓励他们探索未知领域。在这种"既认识已知又探索未知"的过程中，教师和学生共同作为主体，携手合作以实现教育目标。

总之，教师和学生在教学活动中的主体地位，并非简单的权利之争，而是关乎责任归属的问题。双方共同承担起对已知和未知知识的认识与探求任务，才能真正实现教学相长，促进教育质量的全面提升。

（二）高校教学活动中主体关系的探讨

在各种活动中，主体与客体的关系无疑是核心构成要素。然而，高等教育教学环节中的这种关系更为错综复杂，因为教学活动中的主体具有双重性，教师与学生均扮演着积极的主动角色。因此，深入探讨这两个主体之间的相互关系显得尤为重要。传统的教育观念往往将教师或学生视为单一主体，将另一方视为客体，这种观点虽然简化了教学活动的表面动态，但却未能充分反映其实际情况。在现代教育理念的指导下，教师和学生都被视为教学过程的核心参与者。在这种双主体模式下，两者之间的互动与合作成为教学成功的关键所在。至于教学活动中的客体，如教学内容、教学设施等，在双主体框架下，其作用相对简单明了。一方面，这些客体需满足教师和学生主体的需求，提供必要的支持与资源；另一方面，它们起到了连接两个主体的桥梁作用，促进了双方的有效沟通与合作。

1. 高校教师

高校教师在教学活动中扮演着举足轻重的角色，他们是任务实施的组织者和执行者。作为直接承担高校人才培养重任的群体，教师不仅肩负着知识的传授任务，还在各自领域内进行科研和社会服务。这个群体涵盖了众多专业人士，包括一线授课教师、以科研为主的学者，以及从事实验、实践教学和教学管理的人员。作为社会职业的一部分，高校教师享有较高的地位，并在教育过程中发挥主导作用。人们普遍认为，一个国家的文明进步程度可通过高校人才培养质量和学术水平来衡量，因此对教师寄予厚望。在教育教学活动中，教师不仅是知识的传授者，还是教育内容的选择者、教学活动的调节者、教学进程的掌控者及教学方法的创新者。这些职责使教师成为教学活动不可或缺的主体。

高校教师肩负着多元且繁杂的教学职责，这些职责既关乎知识传授，又涉及学生全面发展和教育教学方法的创新。具体来看，高校教师的主要职责包括以下几个方面：

知识传授与能力培养：教师需向学生传授学科基础知识、理论和技能，帮助他们构建扎实的专业基础，并在此基础上培养和发展学生的智力和专业能力；

道德与情感教育：教师应在教学过程中通过隐性手段启发和培养学生良好的道德品质、情操、意志力和审美能力，关注学生全面发展，而不仅仅是学术成就；

教学活动的组织与设计：教师要精心组织课堂教学，同时延伸至课外答疑、作业批改、实验和实习等环节，确保学生在不同场景下都能获得有效学习支持；

科学研究与教学改进：为了更好地服务于教学，教师必须不断进行专业领域的研究和探索教学方法。这不仅有助于学生及时了解科学前沿，还能不断优化教学方法，丰富教学内容。

在这些职责中，教学和科研是最基本且最重要的。能否成为一名合格甚至优秀的教师，关键在于这两项职责的履行。若能够很好地完成这两项任务，不仅能相互促进，还能带动其他职责的更好实现。

然而，在实际教学中，许多教师难以兼顾教学与科研。一些教师将主要精力放在课程知识传授上，忽视了对学生一般智力和个性发展的关注。尽管他们在专业领域内拥有丰富知识和专门技能，但在作为本科生教师时，却难以找到与学生共鸣的教学方法，无法使教学活动更加丰富和有效。高校教师的工作特点决定了其面临的挑战，主要包括：教学手段的自主性与示范性，教师需灵活运用多种教学方法，并通过自身榜样作用影响学生；教育对象的能动性与情境复杂性，面对主动性强的学生，教师需应对多变的教学情境；教学过程的长期性与效果的滞后性，教育效果并非立竿见影，需时间以体现；教学方式的个体性与教育成果的集成性，每位教师均有独特的教学风格，教育成果是集体努力的结果。

面对这些挑战，教师各有不同的应对方式。有的可能感到无奈，有的则会积极寻求改进，从而形成自己独特的教学风格。例如：以教学内容为中心的教师，注重系统传授知识和原理，尊重学科严谨性。以自我为中心的教师，相信个人榜样力量，通过角色模拟等方式激发学生学习兴趣。以智力为中心的教师，专注于训练学生智能，将知识和环境视为训练工具。

总之，成为一名优秀高校教师并非易事，要求教师既具备深厚的专业知识，又具备吸引人的个性与激励学生学习的能力。只有这些要素高度融合，才能真正实现高质量教学。

2. 高校学生

高校教育教学活动的主要角色是教师和学生，这是高等教育乃至所有教育阶段的共识。只有双方的积极参与，教学活动才能得以展开，彼此缺一不可。学生的高度参与不仅丰富了教学内容和形式，更是教学效果的关键因素。高校学生的构成颇具复杂性。在教育普及、终身教育理念深入人心以及建立学习型社会的大背景下，越来越多的人选择走进高校深造，使得学生群体愈发多元化。一般来说，高校学生不分种族、地域、性别，大多处于青年中期，生理发育接近完成，心理变化逐渐稳定，自我意识不断增强，且已接受过基础教育。然而，这仅仅是对高校学生的一个大致描绘。

实际上，高校学生的真实情况更为复杂。以我国为例，本专科学生在很大程度上符合上述特征，但随着高等教育政策的调整和大众化教育的推进，越来越多的青少年提前入学，使得高校学生在年龄、心理、生理等方面突破了传统界定。若考虑到硕士和博士研究生，这种基本界定更显局限。研究生阶段的学生往往具备丰富的经验和高远的学术追求，年龄跨度更大，背景也更加丰富。因此，高校学生群体的多样性要求教育者采用更为灵活和包容的教学方法，以满足不同学生的需求和发展阶段。这种多样性为高校教学提供了广阔的空间，推动了教育创新和个性化教育的发展。

掌握学生的学习目标和动机在高等教育中极为关键，因为这直接关系到教学活动的效能和学生的主体参与度。学生的学习目标和动机不仅是教学活动的重要影响因素，也是评估学生作为教学主体的核心标准。唯有目标明确、动机纯正的学生，才能在教学过程中发挥积极的主体作用。虽然高校对人才培养目标可能有完美的设想，但学生的实际学习目标和动机可能与这些设想存在偏差。然而，只要学生的需求合理且可行，就应予以满足。研究显示，大部分大学生的学习动机主要包括职业培训、专业发展、个人兴趣的培养以及期望获得更高的收入。

学生的学习态度和方式受多方面因素影响，主要包括以下几点。

（1）目标决定态度。具有明确目标的学生通常具有更积极的学习态度。他们清楚学习的目的，因此更有动力去攻克难题，积极参与教学活动。

（2）基础决定方法。知识基础扎实、能力较强的学生，往往能选择合适的学习方法，并积极参与各类学习活动。他们的学习策略更为高效，参与程度也更高。

（3）情感决定倾向。不同情感类型的学生对教学活动的态度和影响各有差异。如依赖型学生可能需更多指导和支持，而独立型学生则倾向于自主学习；表现型学生可能在课堂更显活跃，而沉默型学生可能更喜欢以其他方式参与学习。

总之，了解学生的学习目标和动机对高校教育至关重要。这不仅有助于教师更好地规划和实施教学，还能促使学生充分发挥主体作用，从而提升教学整体效果。关注学生的目标、基础和情感特点，高校能为学生提供更加个性化、高效的教育体验。

（三）高校教育教学活动中主体关系的模式

高校教育教学活动本质上是多方参与者的互动过程，各个教学环节都涉及不同主体之间的交流。这些主体之间的关系平衡与变化，直接影响着教学活动的整体效果。高等教育具有显著的个性化与综合化特征，这意味着教师的教学不仅依赖于个人的努力，还需要团队协作的支持。单独一个教师很难独立完成一个班级的教学任务，或培养出一批优秀人才，甚至难以全面教授一门课程。这需要教学助理、实验人员及班主任等辅助人员的协同参与和支持。同样，学生的学习也并非个人的孤立行为，个人学习往往难以达到最佳效果。强调主体性教学不仅依赖学生的主动性，还需要在学生个体发挥主体性的基础上，实施协作教学和合作探究。

在各个学校的教学活动中，师生关系始终是核心关注点。这种关系以教育使命为基础，通过"教"与"学"的互动，构建了一种独特的人际网络，成为高等教育中最重要的社会联系之一。随着时代的变迁，我们对这一关系的认识也在不断改变和深化。在传统观念中，师生关系常常被简化为一种单向的知识传授模式：教师作为知识的主要传授者，学生则是被动的接受者。这种模式在课堂上的体现通常是教师主导教学过程，如讲解教材、演示解题步骤等，而学生则忙于做笔记和完成作业；课程设置方面更倾向于开设大量必修课而非选修课；在管理制度上，采用统一标准评估所有学生的表现，忽视了个体差异。然而，历史经验告诉我们，建立健康和谐的师生关系对提高教学质量至关重要。良好的新型师生关系应打破传统的线性连接，转变为多元互动的复杂网络体系。在这个体系中，教师与学生之间的互动不仅包括"一对一"的个性化指导、"一对多"的集体授课，还涵盖"多对一"的团队合作支持及"多对多"的跨学科交流平台等多种形式。这种全方位、多层次的互动机制正是现代高等教育所追求的目标，即促进每位参与者在此过程中实现自我成长与发展。

在高等教育领域，教师之间的关系，即所谓的"师师关系"，构成了教学活动背后的核心网络。我们通常关注师生互动，然而，教师群体内部的多元联系对教育质量的影响同样不可小觑。尤其在高校环境中，这种影响与基础教育或职业培训机构有明显差异。师师关系的特点在于其持久且深入，包含个人性格、学术背景及利益考量等多个维度。因此，即使这种人际网络规模相对较小，也容易引发如同行间的轻视、学派间的竞争、师承关系带来的传统分歧，以及资源分配引发的利益冲突等问题，这些问题有时甚至会干扰日常教学活动。然而，另一方面，良好的协作是确保教学质量的关键。无论是单一课程还是特定课堂环节，主讲教师与助教、理论授课者与实验指导员，甚至全体教职员工与教学管理部门之间的有效合作，都是教学质量的保障。例如，在教学计划的准备和实施过程中，各方的紧密沟通和协调能大幅提升学生的学习体验，进而提高学生的学习成效。总的来说，构建一个和谐团结的教师团队，对于推动高校教学活动的顺利进行具有至关重要的作用。这不仅能有效缓解潜在的矛盾和冲突，也为营造更加积极向上的校园文化氛围奠定了坚实的基础。

在高等教育领域，学生间的多元联系，被称为"生生关系"。这种关系不仅形成了同年级同专业的学生群体，还包括了跨年级但拥有共同学术兴趣的师兄弟姐妹纽带，以及教师引导下成立的兴趣社团（如电子协会等）。尽管这些联系的形成具有一定的随机性，但一旦建立，它们便会具有稳定性，并对参与者在校园期间及毕业后的社会生活产生深远影响。在学习方面，生生关系的重要性几乎与个人努力相齐平。学生通过互相合作和支持，能够取得更好的学业成绩。这种正面影响甚至在他们步入职场后依然延续。此外，这种同伴关系网络对教学过程也具有全面而深远的意义。不同规模和性质的生生关系，将直接影响其推动教育成果的方式和效果。例如，一个紧密团结、目标明确的小团体，可能比一个松散的大群体更能激发成员的学习热情和创造力。总的来说，构建健康积极的生生关系对于提升学习体验和教学质量至关重要。这需要学校提供支持性的环境，鼓励学生间的交流与合作，同时也要注重培养个体的责任感和社交能力，让学生能够充分利用这一资源，实现自我成长与发展。

二、高校教育教学理念的演变

高校的教育教学理念主要体现在对人才、教育质量和效率的追求上。自新时期伊始，我国高校的教育教学思想经历了显著的更新与发展。这一进程始于恢复正常教学秩序的阶段，当时高校在教学思想上的调整主要是对新中国成立以来逐步形成和发展的一整套教育观念进行回顾并重新采纳。这不仅意味着对传统优秀教育实践的认可与继承，也象征着高校在探寻适应新时代需求的教育模式上取得了重要突破。通过这样的方式，高校致力于培养更符合社会发展需要的人才，并不断提高整体教学质量和办学效率。

（一）培养人才观念的形成

高等教育的核心任务是培养人才，主要通过教学活动来实现。自改革开放以来，我国高等教育经历了重大变革。在"红专论争"之后，教育理念转向知识本位，高校教育从广泛的社会参与转向专注学术研究。然而，这种转变导致教学与科研之间的关系逐渐失衡，许多高校和教师更倾向于从事科研，教学任务相对被忽视。近年来，随着国家重视人才培养质量的提高，人们开始重新审视教学与科研的关系，并确认教学在学校工作中的核心地位。无论哪所高校，培养优秀人才都是首要职责，科学研究也应服务于这一目标。因此，教师应将教学放在首位，充分履行教育者的职责。同时，全球化背景下的高等教育发展以及科技进步和社会变迁带来的新需求，使得能力本位观点受到重视。这给教学活动带来新的挑战：既要平衡理论教学与实践教学，确保扎实的理论基础，又要加强实践操作训练；还要协调学校教育与社会实际应用的关系，避免过于强调理论或实践，造成学生负担过重。因此，一种新的教学中心地位理论正在形成和完善。它强调理论与实践相结合的教学模式，鼓励通过科研项目培养学生能力，重视

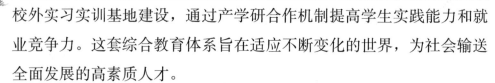

校外实习实训基地建设，通过产学研合作机制提高学生实践能力和就业竞争力。这套综合教育体系旨在适应不断变化的世界，为社会输送全面发展的高素质人才。

（二）逐步形成以专业教育为核心的教育理念

本科教育的教学模式在全球范围内大致可分为两类：一类是以苏联和德国为代表的专才教育模式，特点是学制较长，既注重基础知识的学习，也强调实践技能的培养；另一类是以美国为典型代表的通才教育模式，其特点在于学生在校园期间主要专注于打下坚实的知识基础，而将实践训练置于毕业后。我国在早期教育中主要借鉴了苏联的专才教育模式。但随着改革开放的深化，人们开始认识到这种模式存在诸多不足，进而转向研究并采纳欧美国家所实施的通才教育理念。值得关注的是，在这一转变过程中，无论是专才还是通才教育模式，两者都在不断地发展演变。并且，两者之间的交流与融合日益增多，形成了更为灵活多样的教学体系。这种变化不仅体现了全球高等教育发展趋势，也为我国高等教育提供了更为多元化的选择和发展方向。

随着教育理念的不断进步，一种强调综合素质教育的思想逐渐兴起，这种思想以自由教育、人文教育和普通教育等形式呈现。传统的专门人才培养模式及其观念开始被"拓宽专业口径，增强适应性"的呼声所取代，同时，"通识教育"的理念也日益受到重视。过去那种仅仅注重科学技术"精、深、专"的培养目标，已转变为追求培养"德才兼备"与"文理并重"的全面发展人才。

（三）增强终身学习与终身教育的意识

按照传统的职业教育观念，高等教育通常被视为个人一生中最终阶段的教育活动。然而，随着世界科技的迅猛发展和社会工作的不

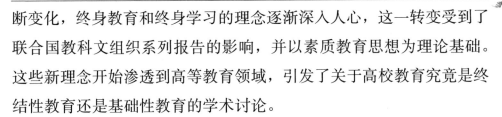

断变化，终身教育和终身学习的理念逐渐深入人心，这一转变受到了联合国教科文组织系列报告的影响，并以素质教育思想为理论基础。这些新理念开始渗透到高等教育领域，引发了关于高校教育究竟是终结性教育还是基础性教育的学术讨论。

特别是当高等教育达到大众化甚至普及化的程度后，其作为基础性教育的作用变得更加显著。高等教育不再仅仅是为了让学生准备好未来所需的一切，而是为他们成为科技人才、从事相关职业奠定坚实的知识、能力基础，并拥有不断学习的能力。因此，高校在培养人才时必须更加注重广泛的学科覆盖、扎实的基础知识，以及较强的学习和研究能力。此外，高校还应为在职人员提供继续教育的机会，支持他们在职业生涯中不断更新知识和技能，以适应快速变化的社会需求。这种综合性的教育方法不仅能够促进学生的全面发展，还能更好地满足现代社会对高素质、多技能人才的需求。

（四）以学生为中心的个性化教学理念逐渐形成

全球教育革命正在深刻影响着高等教育的教学模式，以适应受教育者的历史性变化。这一变化为高校教育教学创新提供了直接的指导原则和方向，主要体现在以下几个方面：一是从单纯的知识传授转向重视智力开发和能力培养；二是从狭窄的专业知识和技能培训扩展到全面拓宽学生的知识领域，培养具备外语、经济管理及人际交往等多方面能力的复合型人才；三是从统一的培养标准转向注重学生个体差异和潜力的发展；四是从侧重理论知识转向理论与实践并重，强化实际操作和应用能力的培养。因材施教，促进人的全面发展是教育的基本原则。为了弥补过去"标准化"人才培养模式的不足，并强调学生在教育过程中的主体地位，高校需要在教学管理、教学环节和教学方法等方面进行深度改革。这包括将单一、封闭、固定的人才培养模式转变为多元化、个性化的教学过程和形式。具体措施如下：在专业设置上，既要拓展专业领域，又要确保按专业要求培养高质量的人才；在人才培养目标上，既要有明确的目标和基本规格，又要给予学生充足的发展空间和自由度；在教学计划上，既要保持教学工作的系统性和连贯性，又要给予学校、专业、教师和学生较大的灵活性。为实现这些目标，教学管理可以实行学分制，允许学生根据兴趣和职业规划选择课程和专业。通过这些灵活的制度和政策，高校能更好地满足不同学生的需求，支持他们的个性化成长，从而培养出符合社会需要的高素质复合型人才。

三、高校教育教学理念变革的趋势

随着我国高等教育大众化的深入推进，高校在教育保障等方面面临着前所未有的挑战，这也引发了关于人才培养质量的广泛讨论。为了回应这一社会关切，我国政府和高校共同实施了"高等学校教学质量与教学创新工程"。这一工程的目标不仅在于优化高校教育条件，更在于将物质环境和资源转化为有力的制度支撑，以推动教育教学理念的不断创新。通过这一工程，政府和高校着力解决教育资源分配不均、基础设施不足等问题，同时更加重视制度建设和教学模式的改革。这不仅提升了教育质量，也使高校能够更好地适应社会变迁，培养出更多符合时代需要的高素质人才。这一综合性改革措施充分体现了我国对教育质量的高度重视，以及对未来教育发展趋势的前瞻性思考。

（一）全面落实科学发展观

科学发展观以发展为核心，涵盖高校教育进步和人的全面发展。以人为本，这一理念要求人才培养必须全面、协调、可持续，符合终身教育和学习型社会要求。为贯彻党的教育方针，推进素质教育，高校需遵循"巩固、深化、提高、发展"的原则，尊重高等教育规律。新型教育教学理念强调：首先，以人才培养为根本任务，高校首要使命是培养高素质人才，教育过程中需关注学生全面发展；其次，以质量为生命线，教育质量关乎高校存亡，须不断提升教学质量，确保学生享有优质资源；最后，以教学为中心工作，高度重视和支持教学活动，保障教学效果及学生学习体验。践行新理念，高校将更好地满足社会需要，培养兼具专业知识和综合素质的人才，为国家发展和社会进步作出贡献。

（二）建立健全大教育观

为了全面提升我国高等教育的质量和综合实力，我们需要在创新教育资源共享方面付出努力。具体而言，应侧重于新教材和立体化教材的开发、网络教育资源的建设和共享平台的构建，进而打造一系列全国高校共享的精品课程和数字化资源中心。此外，我们还应建设一批具有示范作用和服务功能的数字化学习中心，完善终身学习的支持服务体系。在此过程中，我们必须充分意识到提高教学质量是一项系统性、复杂性的工程。因此，我们需要确立一些基础性、全局性和导向性的创新点，以引领高校教育教学改革的方向，确保规模、结构、质量和效益之间的协调发展。同时，我们需要激发政府、学校及社会各界的积极性，将关注点集中在提升教育质量上。通过有效整合各方力量，为解决高校教育质量问题提供有力支持，并努力营造有利于高校发展的良好外部环境。这样既能促进高校内部教学水平的不断提升，也为整个社会培养更多高素质人才奠定坚实基础。

（三）高校教育教学创新

提高高等教育质量和创新教学模式一直是教育领域关注的焦点。

尽管我国在实践中进行了大规模的教学创新尝试，但在内容和形式上的突破仍然有限。为了推动教学模式的创新，我们应着力优化教学评价体系、专业资格认证机制，以及公开发布高等教育基本状况的制度等。同时，丰富教学活动不仅需要知名教授和优秀教师亲自授课，还需努力打造高水平的教育团队。此外，我们应更加注重学生作为学习主体的地位，赋予他们在课程选择和专业方向上的更大自主权，并通过实施学分制来提高学生的自主学习能力和责任感。为了构建一个多层次、高强度的教学研究与创新项目支持体系，我们需要对取得显著成效的教学方法予以表彰和奖励，以此激励更多教师参与教学模式的创新，从而改变当前教学方法创新过程中的散乱、自发、孤立和短期效应等问题，确保教学改革能够持续、有效地推进。

第三节　高校教育教学管理的原则

一、高效性原则

高效性原则是高校教育教学管理的核心，它揭示了教育教学管理的本质，并作为实际操作的重要衡量标准。这一原则着重强调以最少的资源投入培养更多高素质专业人才，同时推动更高水平的科研成果产出。显著的办学效果，体现在经济效益和社会效益两方面，是高等教育追求的主要目标。

评估高等教育有效性的核心在于，其培养的人才和研究成果是否能对社会、文化和经济发展产生最大化的影响。同时，教育资源的最优配置和最少浪费也应是衡量办学成效的重要指标。

为实现这些目标，高校在制定发展规划、设置课程和招聘教职工时，需展现灵活性和创新能力。这种灵活性能确保教育体系能迅速适应环境变化，内部管理机制也能不断改进，从而有力支持国家和社会的整体进步。由此，高等教育不仅能更好地服务于学生成长和发展，还能为推动社会进步贡献力量。

二、整体性原则

高校教育教学管理应遵循整体性原则，这一原则由高校的综合性和教育目标共同决定。整体性原则要求在充分考虑社会环境因素的基础上，围绕人才培养核心任务，科学地组织和协调各项活动，确保它们相互支持、协同工作。

高校的显著特征是其整体效能大于各部分之和。在实际操作中，局部利益与全局需求可能存在矛盾。有时，某项决策从局部看可能带来好处，但从整个系统角度看，却可能导致更大损失。因此，我们强调局部利益应服从整体利益。研究表明，明确具体的目标能激发人们发挥潜力，并在实现目标后获得成就感和满足感。为实现整体性原则的有效实施，需将整体目标细化为具体可执行的目标，并贯穿管理过程。

在高等教育体系内，没有任何个体或机构能独立完成所有任务。没有明确管理目标指导的合作难以形成有效整体。尽管高校内部各部门工作目标不同，但它们都是在服务总体目标的前提下进行，通过统一的目标导向促进协作。不同组织在体现整体性原则上有差异：经济组织侧重功利性和竞争；军事组织强调强制性和服从性。相较之下，高校需在保障学术自由的同时，通过有效管理和协作机制以完成综合性教育使命。

三、民主性原则

高校教育教学管理的学术特性决定了其内在的民主性。为了成功运营一所既封闭又开放的高等院校，管理者必须倡导民主精神，充分激发教师和学生的创造力与积极性。高校汇聚了众多才华横溢的人才，他们思想活跃、追求学术自由。因此，在组织学术活动时，应充分体现这一特点。本质上，高校的教学与科研活动都是学术性的，而这些活动若没有民主与自由作为支撑，则难以顺利进行。

在高校中，利益和权力之间的冲突是不可避免的。任何一项决策的制定与执行往往需要多方力量的协商与妥协。专制式的决策方式不仅可能削弱教育的学术价值，还可能导致资源分配不均及人才流失等问题。因此，尊重个体的价值成为实现民主的基础。

在学校面临重大决策时，每一位师生都有权利表达自己的观点。领导层应当倾听各方意见，并基于科学合理的程序作出决策，这是体现学校民主的重要方式之一。同时，民主与公正相辅相成：只有当人们感受到被公平对待时，才能真正体验到民主带来的好处。为此，高校管理者需要建立一套严格透明的规章制度，确保平等对待每一个人，杜绝任何形式的偏袒或腐败行为，并主动接受来自师生群体的监督。

坚持民主性原则意味着，在高校教育教学管理过程中，无论是决策的制定、实施，还是后续的效果评估，都必须贯穿民主精神。这包括广泛征集意见、公开透明地讨论问题及对结果进行客观评价等环节，从而构建一个更加和谐且富有活力的校园环境。

四、动态性原则

动态性原则强调，高校教育教学管理者在管理过程中，必须根据实际情况灵活调整策略，保证教育体系的适应性和针对性。在这一原则指导下，管理者重视高校教育教学管理的创新与进步，以在环境变化中实现协调发展。高校承担着传承知识的社会责任，同时肩负着推动社会发展的使命，因此，其工作既要保持稳定性和传承性，又要具备发展性和创造性。

管理者应在稳定和继承的基础上，以发展和创新为目标和动力。在相对稳定的框架内寻求发展，同时在发展过程中保持必要的稳定性，这是实现高等教育长远目标的关键。

遵循动态性原则，高校管理者需重视旧有体制和方法的改革。然而，改革应以不破坏教育体系稳定性为前提。成功的改革应满足以下要求：改革措施需紧密结合实际，顺应社会发展需求；教育目标、管理政策和发展规划应具有灵活性，以便迅速响应外部环境变化。只有如此，改革才能顺利推进。

为维护管理体系稳定性，改革过程应循序渐进，避免激进或急功近利。逐步实施改革措施，可更好地评估效果并及时调整，确保高校在改革中稳步前行，不断提升教育质量和服务水平。

五、导向性原则

导向性原则是指管理者通过各种管理手段，引导组织内的所有成员朝着既定目标不断努力前行。这包括制定方针政策、采取具体措施及营造适宜的工作氛围等，以发挥积极的引导作用。

从政治导向角度看，导向性原则基于高校管理的双重属性：自然属性和社会属性。自然属性体现在普遍性、共同性和技术性上，意味着我国高校可以通过对外开放政策，学习和借鉴国外先进的科学技术与管理经验。社会属性则表现为历史传承性和政治性，这就要求我们在吸收国外经验时，必须结合我国的具体国情和社会形态，不能盲目照搬他国模式。高等教育作为国家文化与政治的一部分，其发展方向深受所在国家政治制度的影响，并在管理和实践中有所体现。特别是在阶级社会中，教育活动带有明显的阶级特征。因此，国家明确指出，高等教育的核心任务是培养能够继承和发展民族文化的新一代接班人和建设者。无论从宏观还是微观层面来看，育人方向始终是高等教育发展的首要考量。

在管理工作导向方面，主要包括措施导向和条件导向。管理者通过指导，促使组织成员自觉或不自觉地按照既定方向工作。此外，还存在利益导向和心理导向等问题，这些因素同样影响着组织成员的行为选择和工作态度。通过综合运用这些导向机制，高校能够在确保稳定性的基础上不断推进改革与发展，实现教育教学质量的全面提升。

六、依法管理原则

《中华人民共和国高等教育法》是我国高等教育活动的基石，为整个教育体系提供了指导和规范。该法律共分为八章，全面覆盖了高等教育的各个方面。在管理体制上，全国高等教育由国务院统一领导，各省级人民政府则负责管理主要服务于地方人才培养的高校以及经国务院授权的地方高校，并统筹本行政区域内的高等教育发展。国务院教育行政部门主要负责全国高等教育的整体管理工作及国务院指定的重点高校。此外，国务院其他相关部门也在其职责范围内参与高等教育的相关工作。

随着我国逐步推进法治化进程，依法办事的重要性在高校管理中日益凸显。这是因为，通过法律法规来解决高等教育活动中出现的各种矛盾，已成为确保公平与秩序的重要手段。这些矛盾包括但不限于：国家间的教育合作问题、高校与社会其他部门之间的关系协调、高等教育法人与其他法人主体间的权益冲突、高校内部不同法人实体之间的利益平衡，以及高校内成员间的个人纠纷等。因此，依法管理的原则显得尤为重要。

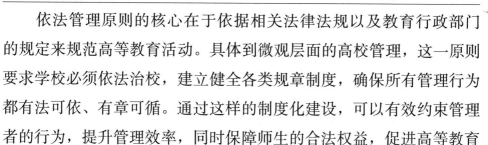

依法管理原则的核心在于依据相关法律法规以及教育行政部门的规定来规范高等教育活动。具体到微观层面的高校管理，这一原则要求学校必须依法治校，建立健全各类规章制度，确保所有管理行为都有法可依、有章可循。通过这样的制度化建设，可以有效约束管理者的行为，提升管理效率，同时保障师生的合法权益，促进高等教育事业健康有序地发展。

第二章　高校教学管理信息化建设

第一节　高校教学管理信息化概述

一、高校教学管理信息化的意义

管理信息化融合现代信息技术与先进管理理念，推动企业管理的现代化进程。这一过程旨在改革企业的生产方式、经营模式、业务流程，以及传统管理模式和组织结构，通过重新整合企业内外资源，提升效率和效益，增强企业竞争力。

高校教学管理信息化便是这一理念的具体实践。在现代教育理念的指导下，它运用计算机技术、网络通信和多媒体等现代信息技术，对高校教学过程进行科学化管理，以实现既定的教学目标。这一过程不仅涉及硬件和软件平台的建设，更关键的是体现了教学管理理念向现代化、科学化和高效化的转型。通过信息化管理，高校能够更高效地规划、组织、指导、协调和控制教学活动，从而提升教学质量和效果。简而言之，高校教学管理信息化借助先进的信息技术工具，遵循现代高等教育和管理理念，对传统教学管理模式进行改革，旨在有效促进教学目标的实现。

二、高校教学信息化管理系统模块

为了提升教学管理的效率和质量，高校亟须构建一套完善的校园网络系统。这一系统将促进信息共享、分散操作与集中管理，推动教学管理模式向综合化、智能化、无纸化和数字化转型。借助校园网络，师生能够更加便捷地进行信息交流与获取，从而构建起一个规范、精准、高效的信息化教学管理体系。通过网络信息化手段，学校能够及时准确地发布学生成绩、课程调整、选课信息及考试安排等主要内容。教学管理信息化融合了多种信息系统模块，这些模块共同作用，全面提升教学管理的质量和效率。

信息化的学籍管理系统能够高效地维护学生学籍信息，并提供便捷的信息查询服务。该系统依据实时数据生成上报文件和高级报表，确保学籍信息的准确性与实时更新。

校内系统管理模块通过配置系统参数、工具及用户权限，有效保障教学系统的升级与日常运行与维护，实现教学信息管理的科学化。

每学期初，采用信息化手段简化学生注册流程，提升注册效率，确保学生能迅速完成注册手续。信息化技术在公共信息管理中的应用，有助于及时更新和维护教学管理代码、学校公共代码等相关基础数据，为学生提供完整的数据集。

通过信息化技术构建的课程管理模块包含选课、排课、教学计划制订和成绩管理等功能，为学生和教师提供全面的课程信息服务。

选课管理系统的信息化使学生轻松查阅学校规章和教师信息，自动生成个人课表。同时，教学管理人员可利用系统进行选课数据的查询与调整，保障选课过程的顺利进行。

综合应用这些信息化工具，不仅能提升教学管理系统的稳定性和可靠性，还能优化教学模式，提高管理工作质量和效率。信息化管理还有助于规避传统管理中的风险，为管理者提供坚实的数据支撑。高校应逐步完善教学管理系统，强化信息安全性，以实现教学管理的信息化、规范化和科学化。

三、信息化在教学管理中的作用与价值

（一）提升教学管理效率

传统教学模式以课本为核心，教师单向传授知识，往往效率不高，难以适应现代教育的发展需要。随着信息化技术的融入，教育效率得到了显著提升，例如通过多媒体教学和电子文本的运用，大幅缩短了手工操作时间，从而提高了课堂教学效率和教学质量。

运用信息化手段进行教学管理，即利用计算机多媒体技术和网络信息技术来增强课堂教学的有效性，满足信息化社会对教育的新需求。教学信息化的核心在于实现教学工具的现代化和教学方法的多样化。

所谓的"高效课堂"，是指在教师的引导下，全体学生积极参与，能够在有限的时间内高效、优质地完成教学任务，促进学生全面发展。借助先进的多媒体计算机辅助教学，学生在充满兴趣的学习环境中自主探索，培养批判性思维，实现全面发展，以适应新时代对人才的需求。总之，信息化技术的应用不仅提升了教学效率，还为学生带来了更丰富、互动的学习体验，有助于培养符合现代社会要求的高素质人才。

（二）激发教师不断学习与精进业务的动力

教师队伍建设是教学管理中的重要环节，随着素质教育的深入推行，这一领域正逐步走向成熟。现代教育对教师的综合素质提出了更高的要求，而教学信息化的推进能够有效激励教师保持积极的学习态度，从而提升教师队伍的整体水平。

自 21 世纪以来，我国教育界以"课程改革"为核心，推动了一

系列教育改革措施，这对教师提出了新的挑战。尽管信息技术在辅助教学中已得到广泛应用，但其应用情况和效果仍存在一些问题。例如，部分教师未能恰当地使用信息技术来提高课堂教学效率，还有一些教师在使用信息技术时未能针对教学重点和难点进行有针对性地设计。因此，如何利用现代化的教学手段为学生创设生动的学习情境、提供丰富的教学资源，以及如何有效地结合信息技术与课堂教学，突出教学重点与难点，成为当前教师面临的重要课题。

目前，国内许多学校已经将信息技术引入课堂，并通过早期培训使教师对信息技术有了初步的认识。许多教师不仅在日常教学中广泛使用信息技术，还具备了自主开发和制作课件的能力。然而，为了进一步提升教学质量，还需要不断探索和改进信息技术的应用方法，确保其能够真正服务于教学目标，促进学生的全面发展。

（三）有利于实现教学全过程的综合管理

教学管理不仅仅局限于课堂知识的传授，它还涵盖课后作业、测试及教学质量的持续跟踪等多个环节。传统手段管理这些活动往往消耗教师大量时间和精力，而信息化教学管理的引入有效解决了这一问题，它能在短时间内实现对教学全过程的实时监测与深度分析，确保教学活动高效顺畅。

信息化教学管理的应用，不仅实现了对学生学习情况的个性化分析，还推动了"以学定教"的教学模式，显著提升了学习效率和质量。借助大数据支持，教学管理得以精准决策，提供科学建议。例如，在个性化教学领域，大数据技术能够收集并分析学生在学习和作业过程中的数据，准确反映每个学生对知识点的掌握程度，使教师能够根据学生的具体学习情况进行有针对性的教学和作业安排，实现因材施教。在信息化教学管理普及之前，排课过程烦琐耗时，难以满足所有学生的需求。如今，人工智能算法的应用使得排课工作变得高效快捷，系统能够迅速整合课程、教室和师资资源，生成理想的排课方案，不仅提升了工作效率，也显著提高了学生的满意度。这充分证明了信息化在教学管理与学习中的重要作用。

综上所述，信息化教学管理不仅简化了教学管理流程，推动了个性化教学的实施，还为教学决策提供了强大的数据支撑，从而全面提升教学质量与效率。

（四）有利于减轻教师的教学负担

国家推行的教育信息化政策旨在实现多重目标，即减轻教师工作负担、提升工作效率，以及增强教育教学的创新能力。具体而言，这些政策的核心是简化教师获取教学资源的流程、加速教学方法的更新应用，以及通过智能化手段批改试卷等，从而让教师能更高效地开展教学工作。这包括深入掌握学生的学习情况，提供针对性的辅导，合理布置作业，并与家长进行有效沟通。此外，教育信息化还鼓励教师通过运用微课资源、开展课题研究等途径，不断提升个人的创新能力。

目前，众多在线教育产品推出了智能阅卷功能，教师仅需用手机拍照，便能批量完成作业批改，并可以对班级学情进行详细分析，实时跟踪学生的作业进度和测试成绩。这些产品还提供了丰富的备课资源，促进了学校与家庭之间的互动交流。

在全球范围内，运用信息技术提高教学质量已成为普遍共识。我国正积极探索结合互联网、大数据、人工智能及虚拟现实技术，构建未来教育教学的新模式。信息化教育已全面渗透至教学、学习、考试、评价和管理等各个环节，不仅解决了数据采集问题，推动了从数字化到数据化的转变，而且有效地减轻了教师的重复性劳动，提升了教学效率。

综上所述，教育信息化不仅提高了教学质量和效率，而且为教师提供了强大的支持和便利，推动了教育领域的创新和发展。

（五）实现教学管理决策的科学化

在教育信息化时代，信息技术为高校教学管理的科学化提供了强有力的支撑。利用这些先进的信息化工具，高校不仅能高效地开展师资队伍建设、教材选配和招生计划的制订等工作，还能生成并分析多种教学管理方案，优化工作效能。与传统管理模式相比，信息化技术解决了信息滞后、不准确和不完整的问题，确保了教学资源的有效开发与利用。教育信息化为高校决策提供了实时、准确和全面的数据基础，使得教学管理决策更加科学合理。综上所述，信息技术的充分利用，不仅提高了高校管理的效率，还促进了教学资源的优化配置和决策过程的科学化，使高校在师资建设、教材选择和招生规划等方面能够做出更加精准和高效的决策，从而全面提升教育教学质量。

（六）增强教学管理的创新能力

在当前社会竞争日趋激烈的背景下，高等院校面临着严峻的挑战，必须不断创新教学管理策略以保持竞争力，避免被淘汰的危机。教育信息化为高校提供了强有力的支持，成为实现这一目标的有效手段。通过引入信息技术，高校的教学管理水平得以显著提升，创新能力得到加强。具体而言，教育信息化为高校构建了信息教学管理系统，这一系统不仅为教学管理的创新提供了平台，还大幅提高了管理层的信息收集与分析能力，促进了教学管理的不断优化。这些系统可以实时采集教学数据，并进行深入分析，使高校能够更准确地把握教学现状，从而制定出更科学、更合理的管理策略。此外，信息教学管理系统还架起了不同高校之间沟通与协作的桥梁。这种跨校的交流与合作，让高校之间能够共享资源，交流最佳实践，共同提升，进而推动整个教育领域的创新与发展。综上所述，教育信息化不仅提高了高校教学管理的效率，还为高校的创新注入了动力，提供了技术支撑。通过深度应用信息技术，高校能够在教师队伍建设、课程设计、学生管理及资源配置等方面实现高效和科学的管理，使其在激烈的市场竞争中能够脱颖而出，保持领先地位。

四、高校教学管理信息化的特征

（一）数字化

数字化是教学管理信息化的基础，它借助计算机信息技术，将繁杂的教学管理信息转化为数字形式。这一转换过程不仅精简了教育信息技术系统的应用设备，还提高了系统的稳定性与可靠性。数字化的实施，让教师能够更加便捷地开展教学管理工作，进而提升教学的质量与效率。同时，数字化教学管理对于激发学生的思维能力和提供教师科学有效的管理数据都产生了积极影响。具体而言，数字化技术的应用使得教学管理更加高效和便捷。教师可以通过数字化手段轻松访问和分析大量教学数据，这有助于他们深入了解学生的学习情况，制定个性化的教学方案，及时优化教学策略。此外，数字化平台还提供了丰富的教学资源和辅助工具，进一步增强了教学效果。总的来说，数字化不仅优化了教学管理流程，还推动了教学质量的全面提升，为师生营造了一个更加优越的学习环境。

（二）多媒体化

在现代社会，信息的高速传播对社会快速发展起到了关键作用。信息化进程主要依托知识的广泛传播与应用。教学管理信息化则体现了信息的高度集成与一体化，实现了信息媒体设备的整合，并使信息呈现形式更加多元。这一进程凸显了教学管理信息化建设中知识传播的主要特点。借助多媒体技术，教学内容得以动态化和形象化展示，融合动画、图像、文字等多种元素，使教学课件变得更加生动和丰富。多媒体教学不仅可以根据学生的个体差异进行个性化授课，还能提供直观、活泼的学习体验。教师能够利用这一技术，针对学生的具体需求进行精准教学，有效帮助学生吸收和理解知识。综上所述，教学管理信息化不仅提升了信息的集中度和多样性，还通过多媒体技术丰富了教学内容的互动性和生动性，从而提高了教学效果，并为学生提供了更加个性化与高效的学习支持。

（三）网络化

高校教学管理信息化建设，通过整合计算机资源，实现了信息资源的最大化共享。这一系统利用网络平台，从教学计划到课程安排，再到学生管理和成绩评估，将教学各环节有机地融合在一起，有效实现了教学管理信息的控制与互动。

第二节 高校教学管理信息化的发展趋势

一、现代教学管理的发展趋势分析

（一）教学管理的开放性更强

在信息化条件下，教学管理的开放性体现在环境和过程的显著开放特征上。

1.教学管理环境的开放性

环境涵盖了人们生活和工作所需的外部条件总和。在教育领域，教学管理环境特指那些支持学校教学活动顺利进行的一系列客观条件。伴随着信息技术，尤其是信息高速公路的飞速发展，高校教学管理环境经历了深刻变革。信息化时代的浪潮推动了高校教学管理环境的开放性。网络技术成为管理的重要工具，各种基于网络的管理系统如雨后春笋般涌现，如网络招生与录取系统、在线选课平台、网上就业服务、教务管理系统及丰富的多媒体教学资源等。这些系统的广泛应用不仅极大地丰富了校内外交流的方式，还加强了高校内部各职能部门之间，以及高校与外部世界的联系，提升了整体的开放程度。在这一更加开放的环境中，学校的行政与教学管理部门与教师、学生之间的沟通变得更加迅速和紧密。信息发布、资源共享和互动交流的效率显著提高，有效缩短了管理层与师生之间的距离。这种开放性的增强，不仅促进了信息的流通与共享，还为教学管理注入了更多的灵活性与创新动力。

2. 教学管理过程的开放性

教学管理是一个目的明确、层次分明且互动频繁的动态过程。它要求合理地组织和利用教学资源，以确保教学目标的顺利达成。这一过程既有序又可控。在信息化的大背景下，教学管理过程的开放性主要体现在以下几个层面。

一是学生的开放性。随着高等教育类型的多样化以及网络虚拟大学和远程教育的蓬勃发展，大学之门已向更广泛的群体敞开。如今，无论年龄大小，只要具备一定知识基础的公民都有机会通过考试或免试途径进入各类高校深造。这种开放性不仅极大拓宽了教育资源的获取渠道，更使得终身学习成为现实。

二是教师的开放性。高校日益重视国际交流与合作，采取多种措施吸引全球优秀人才。教师得以在多个机构间灵活受聘，这不仅提升了他们的职业自由度，也促进了不同机构之间的知识交流与共享。同时，众多教师将讲义和教学资料在网上有限制地公开，供校内学生及有兴趣的个人学习使用。这种做法打破了传统教育资源的封闭性，实现了教育资源的开放与共享，让更多人享受到优质教育资源。这种开放性的增强，不仅加速了教育资源的广泛传播，还推动了教学模式的创新，为学生和教师提供了更加丰富多样的选择和发展空间。

三是课程的开放性。在信息化时代背景下，高校课程的开放性得到了显著增强。现代高校不仅为校内学生提供丰富的课程资源，更通过互联网向其他学校乃至全球学习者开放在线课程。以美国麻省理工学院为例，其早已在网上免费共享了上千门课程，供全球的学习者自由学习。这种开放性不仅为学生拓宽了知识获取的渠道，也推动了教育资源的全球共享。同时，本校学生也有机会选修其他高校的课程，并借助学分互认机制，实现学分的转换。

四是学籍管理的开放性。在信息化浪潮推动下，我国高校教育体系正经历深刻转型。学生入学后，可在教师专业指导下，根据个人兴趣和职业规划自主选择专业方向和课程内容，且可根据学校规定灵活调整。这一改革不仅扩大了学生的学习自主权，更推动了个性化教育的深入发展。

五是教学过程的开放性。教学过程的开放性也成为这次改革的重要特征。得益于网络技术的飞速进步，现代教学已经超越了传统的教室限制，构建起一个资源丰富、交流便捷的开放式教学系统。通过网络，学术成果能够及时融入教学内容，让知识传授紧跟学科前沿。此外，这种开放模式也促进了师生、校内外之间的互动，实现了信息的有效共享和更新。

更为关键的是，在这个多维度的信息环境中，学生可以自由探索不同领域的知识，不再受地理位置或时间限制。未来的学习体验将打破校园界限，打造一个由信息节点、实体课堂和个人学习空间共同构成的新型学习网络。在这一环境中，教学活动更加注重培养学生的

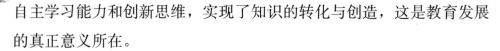

自主学习能力和创新思维，实现了知识的转化与创造，这是教育发展的真正意义所在。

（二）增强教学管理中的合作性

随着信息技术的飞速发展和互联网技术的不断成熟，全球沟通变得更加便捷和高效。计算机技术作为推动合作的强大工具，正使得国家、组织、机构及个人之间的合作机会大幅增加，合作程度也在不断加深。信息量的激增和传播速度的加快，伴随着全球网络的不断扩展和完善，正逐渐打破不同实体间的传统界限。在这一背景下，合作已成为连接国际到个人各个层面的必要纽带。对于高等教育而言，这一趋势同样显著，推动了教学管理展现出更加强烈的合作意识。

1. 高校教学管理与社会的合作关系

长期以来，高校与社会各界的合作不断推进，然而在信息技术不够发达的时期，合作受限于通信手段和信息交流的滞后性，合作范围和深度受限。随着信息时代的来临，尤其是通信与信息技术的飞速进步，高校与社会间的联系变得更加紧密，合作领域因而不断扩展。高校方面，为了提高毕业生的素质、获取社会对毕业生就业的真实反馈、掌握市场人才需求动态、争取资金支持及推进研究成果的社会应用，迫切需要与社会建立广泛的合作关系。从社会视角来看，无论是确认学历证书的真实性、了解特定人才的需求量与标准，还是将高校的研究成果转化为生产力，都依赖于与高校的有效合作。举个例子，当前众多高校正与软件公司紧密合作，共同开发教学管理系统。这一合作不仅提升了学校的管理效率，还使企业得以借鉴教育管理经验，丰富其产品与服务，实现了双方的共赢。这个例子生动地反映了信息技术如何促进高校与社会之间的深度合作，推动了教育资源的优化整合与高效利用。

2. 高校间教学管理部门的协作

为了提升教学管理的效率和质量，高校之间的协作显得尤为重要，特别是在信息化的大背景下，这种合作趋势更为显著。信息技术的进步为高校间的沟通开辟了全新的路径，极大地促进了交流的便捷性和高效性。在过去，高校间的合作主要依赖电话、信函和面对面会议等传统方式。随着电子邮件的普及，教学管理人员的信息处理变得更加便捷，减少了频繁接听电话的困扰。视频会议技术的应用更是大幅降低了实体会议所需的时间和成本。在信息技术的支撑下，高校间教学管理的合作范围得到了大幅拓展。合作不仅限于新生招生、教师招聘等传统领域，还扩展到了课程设置、学科资源共享等方面。此外，通过加强管理经验的交流和实践活动，各高校可以共同探讨并实施更为有效的教学管理模式。比如，推行跨校选课，促进多校联合研究项目，以及在日常管理实践中分享最佳做法。这些举措充分展现了信息化时代高校间合作内容的多样化和深入，推动了教育资源的优化配置与高效利用。

3. 教学管理部门与校内其他管理部门的协作

教学管理是高校日常运行的核心支柱，其高效运行对于保障教学质量至关重要。在信息化时代背景下，教学管理部门必须与校内其他管理部门紧密协作，以确保整体运行的顺畅与高效。这种协作首先体现在信息和资源的共享上。例如，学生管理涉及教务处、学工处等多个部门，而教师管理则需教务处、人事处、科技处及学术委员会等共同参与。不同部门在管理同一对象时，共享相同的数据资源至关重要。通过合理分工与高效协作，不仅能够避免资源浪费和重复劳动，还能提高工作效率。各部门共同收集、整合数据，确保信息的一致性与准确性，为决策提供坚实的数据支持。同时，信息技术的进步极大地促进了管理人员之间的协同工作。网络平台成为跨部门沟通与合作的主要渠道，使得信息传递更加迅速和便捷。在面临突发情况或特殊任务时，某一部门能够快速联动其他相关部门，共同调配人力和资源，有效应对挑战。这种灵活高效的协作模式不仅增强了高校内部的应急响应能力，还优化了资源配置，从而提升了整体管理水平和服务质量。

（三）高校教学管理趋向柔性化

刚性管理与柔性管理相对，泰罗的科学管理便是刚性管理的典型代表，它强调依靠严格的规章制度、纪律监督和强制手段来实现管理目标。这种模式以正式的规则和程序为支撑，属于一种以规章制度为中心的程序化管理。而柔性管理则有所不同，它更注重采用激励、感召、启发和引导等手段，依托组织共同的价值观和文化氛围，实现更加人性化和灵活的管理。在信息化时代背景下，高校的教学管理正在逐步迈向柔性化。

1.教学管理组织结构趋向柔性化

在当今社会快速发展和信息技术不断更新的大背景下，高等院校正遭遇前所未有的挑战。传统的教学管理模式由于其刚性的组织结构，已不足以应对环境变化带来的不确定性。西方的模糊教育管理模式启示我们，在复杂多变的学术环境中，高校往往难以设定固定目标，决策流程也难以明确。决策的参与人数和结果常常因外部条件的变化而有所差异。针对这一现状，高校正逐步推进教学管理组织架构的柔性化改革。这种改革不仅增强了对外部环境变化的适应性，而且在内部管理及运作上展现出更大的灵活性。具体而言，这种柔性化主要体现在两个方面，一是教学管理目标的灵活调整。在信息化社会，高校需迅速响应新兴需求，定期审视并更新教学管理目标，确保其与学校发展方向的一致性，更好地服务于学生、教师和社会。二是组织机构和员工职责的灵活配置。面对不断出现的新情况与挑战，柔性化的管理体系能够及时调整部门结构，赋予员工更多自主权，以适应不同任务的需求。这不仅提升了问题解决的效率，而且有助于培养具有创新精神的工作团队。综上所述，通过提高组织结构的灵活性，高校能够更有效地应对外部环境的复杂性和不可预测性，推动学校的持续发展和进步。

2. 教师与学生管理的柔性化趋势

在高校中，教师管理和学生管理的柔性化是一种基于对师生心理与行为规律深入了解而采取的非强制性管理模式。这种模式旨在通过潜在的说服力，将组织的目标转化为师生自发的行为。鉴于教师多为高级知识分子，他们通常理性，能够快速接受新事物，并且拥有独立见解和个人特色。特别是在信息时代背景下，他们能够迅速获取所需知识，形成较为正确的观点。因此，单纯依赖严格的规章制度进行管控是不够的，更重要的是激发他们的自我管理意识，尊重其个人价值及贡献，充分发挥其创造力。比如，在教学实践中，应鼓励教师针对不同学生采用多样化的教学方法，而非采用统一标准来衡量所有教师的工作成效。

对于学生而言，柔性化管理主要体现在以下几个方面。

（1）人才培养的灵活性。随着信息化社会的发展，市场对人才的需求日益多样化。高校应当致力于培养适应不同层次需求的多元化人才。

（2）课程规划的灵活性。考虑到知识更新速度加快的特点，高校需设计出更为灵活的教学计划，重点培养学生的能力，并提供更多个性化选择的机会。例如，允许新生入学时不立即选定专业，而是先完成一定量的基础通识教育后，再根据个人兴趣决定专业方向；同一门课程可以针对不同专业的学生设定不同的学习要求。

（3）评价体系的多样性。认识到每个学生都有其独特才能的重要性，不应期望所有人成为顶尖人才，但应确保每个人都能发挥出自己的专长。为此，需要建立一套包含多种评估方式在内的综合评价系统，以公正地反映不同类型学校学生的成就水平。

总之，通过对教师和学生实施更加开放包容的管理策略，不仅能够促进个体潜能的最大限度发挥，也为高校适应不断变化的社会环境提供了强有力的支持。

3. 高校教学管理中柔性管理的特点与体现

第一，柔性管理在高校教学管理中具有鲜明的特点和优势。首先，它的灵活性体现在对教学环境的敏感适应上，这不仅顺畅了师生之间的沟通，而且通过"以人为本"的理念和"以学生为中心"的原则，使得纪律管理更加贴近人性，既激发了学生的课堂参与热情，又促进了他们的自我管理技能的发展。

第二，柔性管理的人性化特征与传统的刚性规范相比，更能够尊重学生的个体差异，坚持因材施教，从而更加有效地挖掘和激发学生的潜力。在这种模式下，学生成为学习的主体，教师则转型为引导者和支持者，共同构建和谐的教学氛围。再者，柔性管理的多元化特征表现在多个方面：参与者多元化，考虑并平衡各方利益；教学互动多样化，鼓励师生之间的积极互动；知识传授方式创新，运用多种媒介和技术手段，营造生动活泼的学习环境。综上所述，柔性管理策略的实施，不仅符合现代教育的需求，而且能够有效提高教学质量，促进师生共同成长与发展。

（四）高校教学管理的虚拟化趋势

在计算机科学领域，"虚拟"指的是通过软件模拟出的环境或资源，这些并不是物理上实际存在的。比如 VLAN（虚拟局域网）和虚拟主机等技术，都是利用软件来实现原本需要特定硬件才能提供的功能和服务。这种"虚拟"的概念与现实世界中的实体形成对比，它描述的是那些仅存在于数字空间内、并非真实物质构成的事物。

虚拟化技术，特别是虚拟现实（VR），是通过先进的计算设备、专业软件及微电子传感装置共同作用，构建起一种高度沉浸式的体验场景。该场景可以是对现实世界的精确再现，也可以是完全虚构的世界。虚拟现实主要面向个体用户，旨在为他们提供一个局部现实世界的仿真系统。在这种环境中，所有元素都是由计算机生成的，并且用户可以通过操纵代表自己的数据模型，在这个仿真的数据结构中进行互动。

当谈到高校教学管理信息化时，虚拟化的应用体现在多个方面。首先，被管理的对象可能不再是传统意义上的实体学生或教职员工，而是他们的数字化身份；其次，教学管理过程所处的环境也从实体校园转移到了在线平台之上；最后，教育资源不再局限于纸质教材或实验室设施，取而代之的是各种形式的电子资料及虚拟实验工具。通过这种方式，不仅能够提高教育服务效率，还极大地丰富了学习内容的形式与获取途径。

1. 教学管理中主体与客体的虚拟化转型

在教学管理过程中，管理主体是指履行管理职责的个人或机构，涵盖不同级别的管理者、领导者和各类管理团队。伴随着信息技术的进步，教学管理的主体角色也逐步向虚拟化演变。在以计算机和网络为基础的教学管理体系中，管理者通过操作代表其身份的数据来完成各项管理任务。在外界观察者看来，这些管理行为似乎是由一个虚拟的个体完成的，因为所有的操作都仅仅需要几次鼠标点击。对于被管理者而言，他们互动的是一个由计算机系统生成的角色或网址代码，而不是具体的个人或实体组织。即便如此，这种虚拟化的管理主体依然能够高效地履行教学管理的职能。

与此同时，教学管理的客体，即被纳入教学管理和实践范围内的对象，如教师、学生及其所在的团队等，也在信息化背景下经历了虚拟化的转变。具体而言，教学管理人员通过网络平台进行管理时，他们面对的不再是现实中的具体个体，而是以数字化形式呈现的符号或代码。在这种情况下，师生之间以及师生与管理人员的交流沟通完全依赖于电子设备，并且他们可能从未有过面对面地接触。整个教学活动，从学习过程到行政事务的处理，都是在计算机技术构建的虚拟环境中进行的。这种变化不仅改变了人们的互动模式，还推动了教育资源的有效分配和利用效率的显著提高。

2. 虚拟化教学管理环境的构建

教学管理环境是指高校开展教学管理活动所依赖的各种客观条件的总和。在信息化时代背景下，这一环境依托于校园网络，该网络建立在融合了互联网虚拟空间与实体物理空间的基础之上。这种基于"虚拟现实"的信息空间消除了地域限制，为人们创造了一个全新的互动平台，在这里逐渐孕育出独特的生活方式、行为规范和思维方式。在这个虚拟化的教学管理环境中，高校的教学活动实现了数字化升级。例如，综合教务管理系统和多媒体教室管理系统便是这一转型的突出体现。这些系统不仅改变了师生和管理者之间的交流模式，还显著提升了教育资源的利用效率和管理工作的便捷性。借助这一虚拟化的教学管理环境，高校可以更加高效地组织教学活动、优化资源分配，并推动了一个全新的教育生态系统的发展与完善。

3. 虚拟化教学资源的应用与发展

教学资源涵盖了支持教学活动所需的各种要素。在传统教育模式下，高校的教学资源主要是实体形式的，如书籍、实验室设备等。

然而，在信息化时代，许多这样的资源可以通过计算机软件进行虚拟化呈现。在数字化教学管理的支持下，可以创建出虚拟学校和虚拟教室等环境；当面临实际教学资源短缺或实验条件受限时，比如实验材料不足或特定训练场景难以构建（例如宇航员训练），利用软件技术能够模拟出高度仿真的实验室、实验器材（如数字化动物模型、电子电路板），以及复杂的实验环境（如虚拟太空探索）。通过这种方式，不仅弥补了物理资源的不足，还为学生提供了更加丰富、灵活且安全的学习体验，极大地拓展了教育的可能性与边界。

4. 教学管理的互动性更强

交互性涉及人与人、人与物，以及物与物之间的双向开放交流，它是网络环境中的一个核心特性，主要表现为同步和异步两种交互形式。同步交互要求参与者同时在线，能够实现即时反馈；而异步交互则允许参与者在不同时间进行交流，无须即时响应。在高校教学管理中，交互性的体现贯穿于管理者之间、管理者与教师和学生之间，以及教师与学生之间的持续双向沟通，这些沟通是完成管理任务的关键。传统上，高校教学管理主要依赖同步交互，如面对面地交流或实时通信，报表和文档的提交往往需要双方同时参与。随着信息技术的进步，基于校园网络平台的教学管理变得更加互动和灵活。在此背景下，教学管理的主体与客体之间的交流不再仅仅局限于同步方式，而是越来越多地采用异步方式。例如，管理者或教师可以随时通过网络发布指令或留言给特定人员，而不会干扰对方的当前工作。参与者只需定期查看并处理收到的信息，即可保持沟通的连续性。这种方式不仅提升了工作效率，还增加了沟通的灵活性，使得教学管理过程更加高效和便捷。无论是内部管理还是外部交流，都因这种丰富且适应性强的交互方式而受益匪浅。

二、教学管理信息化的未来发展方向

随着教育技术的飞速进步,教学管理信息系统(TMIS)在高校中的广泛部署正推动着教学管理向智能化和高效化的深层次转型。这一变革不仅涉及日常管理工作的数字化升级,更深刻地影响着教学资源的合理配置、师生互动模式的创新及教学质量的全面提升。通过引入 TMIS,高校能够更加有效地整合和利用数据资源,实现管理的精细化和服务的个性化,进而促使教学管理体系沿着更加现代化、科学化的轨道稳步前进。

(一)数字化

在教学管理中,数字数据如课程学时、教学工作量及学生成绩的处理较为直观简单。然而,管理系统还需整合大量非数字化信息,包括上级指令、教学计划、教学效果评价、教师的专业能力与教学质量等。这些信息往往以文本、图像或声音形式出现,必须先转化为数字化形式,才能被系统有效管理和传播。现代信息系统的普及使得教学管理的具体事务得以数字化表达。教务管理人员不再需要亲自到各部门手工收集数据和报表,取而代之的是,校园网络实现了数据的自动流通。传统的纸质资料,如文件柜、卡片箱和笔记本中的记录,经过数字化处理,便可以更高效地分类、复制和存储。数字化不仅大幅降低了信息创建和存储的成本,更重要的是它极大地增强了信息的可用性和流动性。一旦信息数字化,校园网用户即可跨越地理位置和时间的限制,相互传输文件或指令。各职能部门能够直接访问中央数据库,快速获取所需数据,这一变革加速了信息传播,拓宽了共享范围,大幅提高了信息利用效率。这种转变不仅简化了管理流程,而且为提升教学质量提供了坚实的数字化支撑。

（二）网络化

现代信息技术的应用极大地促进了教学管理信息传播的现代化，它使得教学管理部门可以通过计算机网络实现信息的高效交流与知识的共享。这种进步主要体现在以下几个层面：首先，通过构建基于客户端／服务器（C/S）架构的教学管理网络平台，将校内各教学单位、教研室及教务处等相关部门的计算机通过校园网互联，这使得用户能够便捷地通过客户端软件进行文件传输、资源共享和信息检索；其次，打造了一个覆盖全校的校园网络，实现了各院系和职能部门的计算机系统联网，构建起一个整合化的管理平台，该平台涵盖了教师管理、学生管理、教学计划、考试安排、课程设置及招生等多个子系统，确保了系统间数据的顺畅交流，保障了信息的一致性与实时更新。此外，网络化的实现还意味着校园局域网与互联网的无缝对接，这不仅提高了校内沟通与协作效率，还促进了高校与外部社会资源的紧密融合。例如，教学管理者可以利用网络平台直接与公众互动，及时掌握市场对人才需求的变化，从而为毕业生提供更为准确的就业指导。综上所述，通过内部网络、校园网络以及互联网的有机结合，高校教学管理体系已经演化成一个高度一体化、功能全面的信息平台。这个平台不仅在校内构建了紧密联系、互为支撑的生态体系，同时在外部展现了高度的开放性和灵活性，打破了传统的时空界限，显著提升了教学管理的效率和服务质量。

（三）智能化

现代教学管理信息系统融合了多媒体、人工智能及数据库等前沿技术，依托计算机网络构建了一个高度智能化的教学管理平台。在系统设计方面，它采纳了人工智能的搜索与推理机制，并结合数据库理论和方法，实现了模块化设计。这种设计理念使得系统能够对分散于各教学管理环节的信息进行实时、全面地处理。系统中各个模块，如教学任务子系统和教学行政管理子系统，虽然独立运作但又能相互协同，通过智能模块软件程序实现无缝对接。例如，它们能够自动生成课程表和考试安排，极大地提升了工作效率和准确性。此外，系统运用高级编程语言模拟人类思维过程，进行逻辑推理，以实现智能化的管理与决策。这种智能化不仅增强了系统的评估和决策辅助功能，而且在处理那些具有较高不确定性和模糊性、决策过程复杂且非结构化的教学管理任务时尤为重要。总之，教学管理信息系统通过优化管理流程，提供精确的数据支持和决策建议，显著提升了教学管理的整体效能。

（四）扁平化

传统的教学管理模式，深受韦伯科层制结构的影响，具有权力、资源和信息的垂直分布特点。但随着教学管理信息系统（TMIS）、校园网和互联网的普及，信息传递方式已从纵向垂直转向网络化互联，推动了教学管理组织结构的扁平化发展。这一变革，不仅取消了众多中间管理层，而且有效避免了官僚主义和"官本位"思想的滋生，减少了行政对学术决策的不当干预，提高了管理效率。在科层制下，组织分工过细、层次过多，导致组织惰性增加，信息传递易失真，不利于学习和创新人才的培养。而信息技术的进步，尤其是TMIS的应用，实现了许多管理任务的自动化，减轻了管理人员的工作压力，提升了信息传递的速度和互动性，缩减了对中间管理层的依赖。扁平化的组织结构不仅激发了基层教学管理人员的积极性，也赋予了他们更广阔的发展空间和更多的创新机遇。这种结构优化不仅提高了管理效率，还促进了知识共享和创新能力的提升，为教学管理的现代化发展奠定了坚实基础。

（五）合作化

在传统的教学管理组织中，工作分配依照亚当·斯密"分工提高效率"的理念，各部门及人员各司其职，形成了高度专业化的格局。然而，随着教学管理结构由垂直向扁平化网络互联模式的转变，这种精细分工模式已不能满足现代管理的要求。在新兴的管理架构下，教学管理人员被赋予了更为综合的专业知识和技能要求。复杂的组织结构被简化，转而依赖个人能力，并通过全校范围内的教学管理信息系统（TMIS）提供支持。这种模式下的分工特点是打破传统职位界限，以任务而非单一职能为核心来组织安排工作，构建起灵活的任务网络。教学管理人员不再是固定在机械系统中的齿轮，而成为网络中的节点，可以灵活、协调地进行合作。TMIS 的引入，将教学管理的各项任务集成在统一的平台上，使得分管不同任务的教学管理人员能够高效地协调和合作。它解决了过去因管理人员分身乏术或不在岗而导致的工作延误问题，从而提升了工作效率，同时也增强了整个教学管理系统的灵活性和快速响应能力。

（六）虚拟化

在现代教育管理实践中，计算机系统和教学管理信息系统（TMIS）的应用使许多日常管理工作得以通过网络高效完成，实现了教学管理职能的虚拟化。管理人员可以在校园的任何角落，乃至远程位置，利用网络实时地进行管理与决策工作，并迅速将结果传达至所需之处。这种虚拟化的管理模式摆脱了传统上对固定场所和时间的依赖，构建了一个灵活的数字化办公空间。因此，高校教学管理变得更加灵活和高效，不再受限于实体办公室和固定的工作时间。依托校园网络和互联网上的 TMIS 终端，教学管理活动与外部社会环境，以及管理者与师生之间的互动变得更为紧密和及时。教学管理组织的虚拟化，本质上是网络高度发展的产物。它通过数字化手段将物理空间转化为信息数据，减少了对实体资源的依赖，极大提高了管理效率。虚拟化的教学管理功能具有高度的灵活性，能够根据实际需要迅速调整。同时，服务的对象和时间也得到了扩展，从而更好地适应了教育环境的不断变化和多元化需要。综上所述，信息技术的运用推动了教学管理由物理向虚拟的转变，增强了其适应性和响应力，为高校的教学管理工作带来了空前的便捷性和效率。

第三节　高校教学管理信息化新模式的构建

一、高校教学管理信息化新模式的理论探讨

（一）教学管理信息化新模式的内涵

高校教学管理信息化新模式，以现代教育理念为指导，围绕资源和服务为核心的教学管理体系，借助丰富的教学资源与网络环境，运用先进的信息管理和信息技术，构建了一个集资源整合、在线决策与学习、智能评价与导向于一体的交互式管理系统。这一模式通过高效的信息技术应用，致力于高效达成预设的教学目标。在内容层面，教学管理信息化涵盖了教学计划的制订与优化、教学过程的组织与监控、教学质量的评估与提升、教学行政管理，以及学科建设、专业设置、课程开发、教师队伍建设、教学管理制度的完善等多个方面。在技术上，该模式广泛应用了基于在线学习理论的信息技术、网络技术及普适计算技术。这些技术的融入不仅提高了教学管理的效率，还促进了教学资源的合理配置与高效利用，使得教学管理活动更加灵活、便捷。通过这种一体化的教学管理系统，高校能够有效应对教育领域的变化与挑战，全面提升教学质量和管理工作水平。

（二）构建教学管理信息化新模式的目标

为了推动教育现代化与信息化，我们设定的总体目标是构建一个领先的数字化校园环境。这一宏伟蓝图聚焦于四大核心领域：一是打造坚实可靠的数字网络基础设施；二是提供丰富而优质的在线教育资源；三是建立高效互动的教学与学习平台；四是开发智能化的管理工具和服务体系。我们将全面实施数字化转型，涵盖教学、学习、科研及管理流程，同时促进区域教育机构之间的协作与服务共享，营造一个充满活力、便捷的数字生活空间。我们期望通过这些措施，为培养创新型人才奠定坚实基础。

为实现这一目标，我们将打造一个综合性的信息服务平台，该平台包括四个主要部分：首先，构建高速稳定的网络架构；其次，资源共享系统，确保校内外资源的顺畅流通；再次，多元化的服务模块，涵盖学生思政工作管理系统、学科专业发展平台、智能教与学辅助系统、人才培养质量监测与评估中心、资源调度与维护中心、学生信息交互门户、在线学术交流社区、科技论文写作辅导站，以及研究生学位论文全程电子化处理系统等；最后，统一的信息入口，方便用户一站式获取所有服务。这一设计不仅提高了效率，也极大地丰富了师生的学习与研究体验。

（三）构建教学管理信息化新模式的基本原则

1. 以理念为引领，注重过程规范的原则

教育理念是指导行为的核心原则和思想观念，它不仅激发管理者的积极性，还肩负着教育、规范和引导的重要任务。在构建教学管理信息化新模式的过程中，我们面临的是一个复杂的系统工程，该系统可分为四个主要部分：重塑教育哲学、构建网络及硬件基础设施、开发信息资源与管理平台等软件系统，以及以教学应用为核心的应用系统建设。

首先，构建这一新模式需要对教育理念、制度框架和教学方法进行全面革新。在先进信息化教育理论的指导下进行硬件配置、资源创建，以及多样化应用系统的开发。其次，为确保项目成功实施，我们必须对项目启动、方案制定、实施过程、验收及反馈等各个环节进行严格的规范管理。这些规范是信息系统规划、设计、建设和验收的基础。一些学校因缺乏有效的过程控制，在实践中遇到过设计不合理、成本效益低、重复投资、系统不稳定及维护困难等问题，这些问题严重影响了教育教学的进步与发展。因此，遵循一套严谨且标准化的建设流程对于推进教学管理信息化显得尤为重要。

2. 总体规划，分阶段实施的原则

在构建教学管理信息化新模式的过程中，我们需要将其融入社会信息化建设的整体框架之中，保证各级规划协调一致，局部与整体规划相吻合。实施时应采取分类指导、分层次推进和分阶段落实的策略，以防止出现分散无序的情况。

首先，制定一份全面的信息化建设总体规划至关重要。校园网络是学校信息化环境的基础设施，它必须全面支撑教学、管理、日常办公及校内外交流等多个方面。在信息技术与课程整合方面，校园网络应具备多功能性，如支持教学、辅助学习、教务管理、提供资源信息、搭建交流平台，以及管理教学装备和行政事务等。

其次，实现这些功能需循序渐进，考虑到学校的财务状况、具体需求和用户技能等因素，应分阶段逐步实施。将总体目标细化为一系列可操作的短期目标，并为每个小目标制定明确的时间表，逐步实现最终目标。在实际建设过程中，应坚持经济效益与可持续发展的原则，根据学校的经济实力和技术水平，合理分配资金，优先解决最紧迫的问题，确保资源的有效利用与效益最大化。

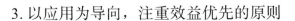

3. 以应用为导向，注重效益优先的原则

在教学管理信息化进程中，常受技术能力、资金及团队素质等客观条件制约，导致推进动力不足，进程较为缓慢。为破解这一难题，可采取校际资源共享与建立资源联盟的策略，发挥集体力量，共同探索高校资源建设机制，以此推动教学管理信息化的发展与应用。

在构建教学管理信息化新模式时，应兼顾信息基础设施建设和信息资源开发两大方面，确立明确目标并采取适宜策略。一方面，确保基础设施投资效益最大化；另一方面，在软件资源建设上，通过组建"资源联盟"来分摊成本，走一条高效节约的信息化发展之路。这不仅有助于信息化应用的持续发展，也为营造和谐教育环境提供了有力支撑。

采取这种方法，不仅能够有效克服当前的制约因素，还能在资源有限的前提下，实现教学管理和教育信息化的高效推进，进而显著提升教学质量和教育服务水平。

4. 资源共享，实用为本的原则

在构建教学管理信息化新模式的过程中，应将信息资源共享作为核心，贯穿于建设始终。这不仅涉及软件系统的开发，还包括硬件设施和技术力量的合理配置，以实现"统一网络平台、统一标准规范、数据充分共享"的目标。

首先，应科学配置软硬件资源，追求使用效益的最大化。同时，深化硬件与教育活动的整合，提升信息化教育的整体效能，并确立明确的教育目标。我们要避免无谓的高端技术追求和资源浪费，而应基于实际需求，本着实用和够用的原则进行设计和实施。

通过这样的举措，我们能够构建一个既符合学校具体情况，又能有效支撑教学管理和教育发展的信息化新模式。这不仅能够提高学校的教育质量，还能为师生营造一个更加便捷和高效的学习与工作环境。

5.遵循标准配置，保持结构灵活性的原则

在构建教学管理信息化新模式的过程中，我们必须严格遵循国际标准、国家标准、行业规定及相关规范，同时制定详细的硬件配置标准和软件实施计划。确保设计方案完全符合这些标准，从而为系统的后续应用和维护打下坚实的基础。

鉴于信息技术的高速发展，信息系统的架构设计应具备高度的灵活性，以保障系统能够在未来轻松实现扩展与升级，适应不断变化的业务需求和技术革新。采取这种策略，不仅可以保障当前系统运行的高效性，同时也能够为系统的长远发展提供强有力的支撑。

6.确保系统稳定，采用成熟技术的原则

在构建教学管理信息化新模式的过程中，必须将硬件设备与软件系统的稳定性作为核心要求。尤其是关键服务器，它们需要确保能够实现 7×24 小时的不间断运行。为此，采取容错设计至关重要，这不仅可以保证网络、管理和应用系统的高效可靠性，同时也是维护整个系统安全性和连续性的坚实基础，为信息技术与课程的深度融合提供强有力的支撑。

同时，选择通用性强且经过市场验证的成熟技术方案尤为关键，这不仅有助于减少建设成本，还能简化设计和实施流程，进而缩短项目周期。避免将资金投入到那些尚处于研发阶段、尚未成熟的前沿技术上，而是着眼于国内外已有的成熟产品和技术解决方案，选择最适合自身实际需要的来用。这一策略不仅能防止低效的重复建设，还能确保项目的顺利推进和长期稳定运行。

二、高校教学管理信息化新模式的构建内容

（一）建立教学管理信息化的标准与制度

为了推动高校教学管理信息的国内外交流与共享，制定相应的标准和制度至关重要，这确保了数据的互操作性和可访问性。加强校园网络和图书馆的信息化建设是学校信息化进程中的关键一环，需出台配套的改革措施和规章制度予以支持。同时，重视教师在信息技术应用中的核心作用不可或缺。为此，应制定一套全面的信息技能培训政策，并组建由资深教师和技术人员组成的培训团队，为全体教职员工提供包括操作技巧、技术能力和问题解决方法在内的系统培训与支持。此外，利用信息技术开发教学课程软件不仅能提升教学质量，还能丰富教学资源。为激励教师和教学管理人员积极参与信息化建设，应将其信息技术应用能力纳入职业发展和晋升的评价体系。这些综合措施将有效提升学校的信息化水平，并为师生营造一个更加高效、便捷的教学环境。

（二）设立教学管理信息化首席信息官制度

借鉴企业管理的创新实践，高校可以引入教学管理信息化首席信息官（CIO）制度。该制度下，首席信息官应直接融入学校高层决策体系，全面负责制定并执行信息化战略规划。缺乏首席信息官的专门统筹，信息技术的应用很可能仅停留在表面的"自动化"阶段。有效结合技术与组织结构是教学管理信息化成功运行的关键。设立首席信息官不仅能够促进这一结合，还能加强学校内部各部门间的协作，推动学校实现真正的信息化转型。在某种程度上，教学管理信息化不仅是技术应用的体现，更是一场深层次的管理改革。通过建立首席信息官制度，高校能够更加高效地整合资源、优化流程，进而显著提升

教学质量和管理效率。

（三）有效整合现有教学管理信息系统，消除信息孤岛

当前教学管理信息系统的整合应采取"并行使用、逐步淘汰"的策略，以确保有效过渡与升级。对于尚不能立即更换的系统，比如某些教学管理信息系统（TMIS），我们应根据教育部颁布的《教育管理信息化标准》来开发兼容的接口，这样做可以打破信息孤岛，促进数据共享。这项工作不仅涉及不同供应商的产品接口、新旧系统版本的对接，还包括 TMIS 与校园网络内其他应用系统的整合。《教育管理信息化标准》为信息交流的顺畅提供了规范化指导，其作用犹如交通规则确保交通的有序畅通。通过标准化和接口开发，能够实现系统间的无缝连接，这不仅优化了资源的利用效率，也为教育信息化未来的发展打下了坚实的基础。

（四）构建教学管理信息化新模式

在信息时代的浪潮中，高等院校需积极应对挑战，把握机遇，通过整合信息与通信技术（ICT）和现代教学管理理论，创新教学管理的信息化模式。这一模式旨在建立一个特色鲜明的教学管理信息化系统，其特点包括资源丰富、支持在线决策、具备智能评价与决策导向功能，并实现了高度交互。借助这一新型模式，高校不仅能够优化教学管理流程，提高决策效率，还能为师生提供智能化、个性化的服务体验。这样的模式不仅能有效应对教育领域面临的多重挑战，更能充分利用信息时代赋予的新机遇，推动教学管理向更高水平跃进。

1. 资源型模式的构建

教学管理信息化的资源型模式，是以资源为核心的教学管理理念为支撑，充分利用学校现有的资源和网络环境，打造一套融合了教学和管理功能于一体的综合系统。该模式基于教务与教学信息的标

准化、规范化，通过科学配置信息资源，既满足了学生的学习需要，又促进了教师的教学活动。同时，该模式还实现了学校事务管理的网络化和信息化，依托 Web 应用，无须安装额外客户端，便提供了便捷的动态信息交互与沟通渠道。这一资源型模式不仅优化了教学资源的配置效率，提升了管理效能，还促成了教学与管理的无缝整合。借助高效的在线平台，师生能够轻松获取和共享丰富的教育资源，同时实现信息的即时交流和互动，进而显著提高教学质量和管理的整体水平。

（1）资源型教学管理信息化模式的构建原则

第一，统筹规划，资源共享。该系统应基于校园网络，实现全校范围内的信息资源共享和跨平台互访。不仅要满足不同部门之间的信息共享需求，还要确保学生和教师现有的及未来将建立的信息系统能够无缝对接，实现资源的高效利用。

第二，包容性与可扩展性。系统设计应具备良好的可扩展性和兼容性，能够接纳现有的信息系统，并且在应用需求发生变化时（应用需求与系统开发往往不同步），提供一个灵活的应用平台。这样可以方便地进行调整、扩充和升级，以适应不断变化的需求。

第三，简洁易用，易于维护。系统应设计得简单直观，易于使用和维护，适合非计算机专业人员操作。功能要全面且实用，界面友好清晰，学习曲线平缓。同时，网络结构应层次分明，便于管理和扩展，确保系统的长期稳定运行。

第四，可靠运行，保障安全。系统必须具备安全高效的通信机制，包括身份认证和权限检查，以确保教务信息系统的安全性与保密性，防止信息泄露和非法入侵。此外，还应结合校园网的安全机制，采用路由技术和防火墙等措施，进一步增强系统的防护能力。

通过遵循这些原则，资源型教学管理信息化模式不仅能够提升教学和管理的效率，还能为师生提供一个安全、便捷、高效的信息环境。

（2）资源型教学管理信息化模式的构建框架

资源型教学管理信息化架构包含多个主要模块，如宣传资料库、办公支持系统、教学材料中心、学习资源区等辅助资源。为高效支撑这些模块的运行，构建了一个综合性的信息服务平台，该平台主要由四大核心部分构成：网络基础架构、资源共享机制、一站式服务窗口及统一的信息访问入口。在一站式服务窗口中，进一步细化为多个专业服务子平台，以满足教育管理多样化的需求。这些子平台包括学生思想政治工作管理系统、学科与专业规划平台、数字化教与学促进系统、教学质量保障与评估体系、人力资源调配与发展平台、学生数据互联互通接口、在线科研创新协作空间、科技论文撰写辅助系统，以及研究生学位论文全流程管理系统等。这些服务平台不仅提升了教育资源的整合效率，还显著增强了教学管理的效率和服务质量。

2. 功能的构想

教学管理信息化系统主要包括四个功能。

（1）在线决策支持功能

基于一个全面且科学的决策体系，该体系内部关联紧密、结构合理。它高效利用丰富多样的数据资源和实时获取的信息，融合智能分析模型与一系列准确的评价标准，为学校教育教学管理和课程实施提供坚实的决策支撑。同时，该功能还为教师的教学活动和学生的学习过程提供精确的决策辅助，有效推动了教学质量的全面提升。

（2）智能评估功能

基于一套科学、规范、全面的评价指标体系，旨在对教学过程中的各个维度提供及时有效的反馈。对于教师来说，该功能能够实时评估教学活动和成果，帮助教师迅速发现并优化教学方法，进而提升教学质量。对学生而言，通过教学管理信息化平台，他们可以自行进行学习测试和自我诊断，从而发现学习中的短板，调整学习策略、内容和方式，明确自我提升的方向。此外，学校管理层可以利用该系统，从宏观和微观两个层面全面监控教学质量，涵盖各专业、各年级学生的学习状况及课程的教学效果。遵循《普通高等学校学生管理规定》，系统还能对学生的学习成绩、思想政治素质、行为表现等进行全面而动态的评估。系统不仅提供友好的提示信息，还能够在关键时刻发出警示，激励学生不断进步，支持他们全面发展和成长。

（3）决策导向功能

基于先进的智能化评估系统和庞大的资源库，致力于通过分析职业需求、课程体系以及专业间的内在联系，优化教学质量和学习成效。该功能旨在提升人才培养质量，同时激励学生有针对性地进行学习。它为教师的教学活动、学生的学习过程，以及学校的教学组织、实施和管理，提供了精确的决策支持和方向指引。具体而言，这一功能能够识别不同职业所需的知识技能与学校课程之间的联系，帮助学生根据个人情况和职业规划，选择最合适的课程组合。它还能根据学生已选课程的情况，提供相应的职业发展路径和学习建议。此外，通过实时监测学生的学习进度，系统可以及时指导学生调整学习策略，确保他们朝着既定目标稳步前进。对于教师而言，系统收集学生对知识掌握程度的反馈，通过数据分析向教师提供教学效果的信息，从而协助教师不断改进教学方法，更有效地满足学生的学习需要。

（4）立体交互功能

教学管理信息化系统是一项综合性强的系统工程，其由众多紧密相连的管理模块构成，形成一个立体化的结构框架。这些模块相互交织，与子系统之间建立起了复杂而有序的联系。在这一框架内，数据流转顺畅，确保了信息的高效传播与处理。系统遵循统一的数据标准和规范，实现了各类数据在不同模块及子系统间的无缝交互与共享，极大地优化了信息资源的利用效率和管理效能。这种全面立体的数据交互功能提升了系统的灵活性和反应速度，同时也为教学管理和学生提供了更加精确的服务和支持。

第四节　教育信息化背景下高校教学管理机制构建的路径

一、强化信息化基础设施建设

为了加强校园网络建设，确保信息化教学管理的高效稳定实施，做好以下几方面的工作至关重要。首先，需对现有网络设施进行进一步优化与升级，着力解决影响网络速度的关键瓶颈问题，以保障网络性能处于最佳状态。其次，学校应加强与电信运营商的协作与沟通，有效应对跨网访问中可能出现的各种问题，确保师生能够顺畅访问互联网资源。再次，提升网络管理团队的技术能力是关键。管理的重要性不言而喻，"三分技术，七分管理"凸显了良好管理对于网络效能的深远影响。考虑到网络环境的开放性和潜在威胁，学校需增强网络管理部门的专业实力，特别是引进高层次技术专家领导团队，以确保网络的运行安全、稳定和高效。最后，定期组织网络管理人员参与专业培训和技术交流，以提高他们的业务技能和技术水平，从而更好地服务于校园网络的管理与维护。通过这些措施，构建一个既安全又高效的校园网络环境，为信息化教学管理提供坚实的支撑。

统筹规划与建设全校信息资源，构建统一数据中心，已成为高校信息化进程中的大趋势。统一数据中心的建设，不仅有利于优化资源配置，而且能够促进信息资源的集中管理与维护，保障数据的一致性和安全性。此举有助于学校高效整合各类信息资源，提升资源使用效率，同时简化管理流程，为教育教学、科研创新及行政管理提供坚实的支撑。

在推进软件建设的过程中，关键在于深化教学管理信息系统的功能改进与完善。为实现这一目标，我们必须加强与高校管理人员、教师及学生等最终用户的沟通交流，全面掌握他们的实际需要。同时，整合校内软件研发资源，构建一个技术实力更强的开发团队，并推动各院系与部门间的紧密协作。在开发策略上，学校应结合自身技术能力和资源状况，采取自主开发与技术引进相结合的方针。对于技术实力足以应对的部分，积极自行研发；而对于技术难度较大或超出学校能力范围的部分，则可引入外部专业软件公司的技术支持。综上所述，通过多元化的渠道和手段，我们旨在打造一个更加完善、稳定可靠的教学管理信息系统，提升其智能化水平和决策支持能力。这将不仅能优化用户体验，还能有效辅助学校的教学管理和决策流程，为教育质量的持续提升提供坚实的支撑。

二、完善信息化建设组织机构，注重顶层设计

高校教学管理信息化建设是一项系统工程，涉及全校教学与人才培养的各个方面。这一工程的推进，离不开强有力的领导组织机构的支持。显然，单个部门之力难以胜任，必须依靠全校相关部门的通力合作、二级学院的积极响应及广大教职员工的共同参与。

为实现高效协同，学校高层需进行顶层设计，明确信息化建设的战略目标和方向，使之成为引领整个项目的核心指针。在此基础上，建立一个健全的领导组织机构至关重要，该机构将承担统筹协调信息化建设过程中的具体事务，并解决遇到的问题。这样的领导机制，不仅能确保信息化建设的稳步推进，更能充分发挥各相关部门

和人员的作用，共同促进学校教学管理水平与人才培养质量的全面提高。

教学管理信息化建设需由学校领导层进行顶层设计，这一举措不仅彰显了学校决策的权威与重要性，而且有助于降低在推进过程中各部门、二级学院及教职工可能产生的抵触情绪。通过自上而下的推动方式，可以保障项目实施的顺畅。确立一个完善的领导组织机构，能够为各部门和二级学院在信息化建设中分配明确的角色与任务，这促进了横向部门间的协作以及纵向职能部门与二级学院间的沟通，有助于防止项目实施中出现责任推诿，确保各项工作有序开展。

同时，学校高层进行的顶层设计与领导组织机构的完善，保证了信息化建设决策的集体性，而非单个领导人的独立决策。这种集体决策机制确保了政策的连续性与完整性，即便在领导层更迭时，也能保持教学管理信息化建设的稳步推进，避免因个人变动而影响项目的进程。这些措施有助于提升学校的教育质量和管理效率，为教学管理信息化打下坚实的基础。

三、加强宣传，激发广大教职员工的积极性

教学管理信息化建设旨在为高校教学管理人员、教职工及学生提供高效服务。实现此目标，不仅依赖于各职能部门和二级学院的执行力，更需要基层教职工的广泛参与和共同努力。

在推进过程中，不少教职工因习惯于传统管理模式，而对新信息系统的接受存在心理和技术适应上的障碍。这种现象可能会降低他们使用新系统的积极性，减少对信息化建设的关注，甚至引发怀疑和抵触情绪。

为克服这些困难，高校需采取综合措施，提升教职工对教学管理信息化价值的认识。具体方法包括：一是全方位宣传，通过校内

会议、培训、校园网络等多种平台，全面阐释信息化建设的重要意义和优势；二是增强互动交流，定期组织座谈会和研讨会，鼓励教职工提出反馈，并及时回应他们的意见和建议；三是提供专业培训，开展系统操作和技术培训，助力教职工迅速掌握新系统的使用技能；四是实施激励机制，设立奖励制度，表彰在信息化建设中作出显著贡献的个人或团队，以激发教职工的参与热情。通过这些措施，可以提升教职工对信息化建设的认同感和支持度，让他们感受到学校的重视与尊重，从而更加积极地投身于教学管理信息化建设，共同促进学校的现代化进程。

为了提升教学管理信息化建设的实效性，高校需采取更加积极和人性化的宣传策略。传统的发布文件或通知方式往往显得过于生硬，缺乏吸引力，容易导致教职工产生被动参与的感觉，进而影响宣传效果，甚至引发抵触情绪。因此，高校应采取鼓励性措施，如表彰在教学管理信息化工作中表现突出的教职工，并广泛分享他们的成功案例和积极体验。通过树立典型，激发大家的兴趣和参与热情，让全体教职工深刻认识到教学管理信息化的价值及其对个人工作学习的实际帮助。同时，重视并积极回应教职工在信息化建设中的建议和意见至关重要。在推广新教学管理系统时，应密切关注用户反馈，试运行阶段要及时调整和优化；系统正式上线后，仍需不断收集用户意见，确保问题得到迅速解决，并对系统进行必要的升级改进。这不仅能够提升系统的实用性和用户体验，还能增强教职工对项目的认同感和归属感。总之，构建一个开放沟通、共同进步的良好氛围，是推动教学管理信息化建设的关键所在。

四、完善教学管理信息化的配套制度建设

尽管我国一些高校在推进教学管理信息化建设上不遗余力，投

入了大量资源进行信息系统的研发，但制度的配套缺失却导致系统运行中出现不规范现象。这些现象不仅影响了教学数据的真实性和有效性，也削弱了系统的整体效能。因此，构建一个完善的教学管理信息化体系，不仅需要坚实的技术支撑，更离不开健全的制度保障。

首先，在技术执行层面，应当制定和实施统一的数据信息编码标准，确保所有教学活动产生的数据都能按照一致和明确的规则进行处理。这一措施将有效避免数据格式混乱或内容解释不明确给数据分析带来的障碍。

其次，从管理层面来说，必须构建与教学管理信息化相适应的规章制度体系。这些规章制度不仅应明确信息系统日常运作的指导原则，还应具体规定教学管理流程，确保操作过程的公开性、透明度和公正性。通过制定详细的服务指南和程序说明，并向社会公布以接受公众监督，可以进一步规范教学管理信息化工作，保障其长期稳定运行。这样的做法不仅提升了工作效率，还增强了师生对信息系统的信任和支持。

五、深入调研，构建适用的教学管理信息系统

构建高效的教学管理信息系统是教学管理信息化的核心，这一系统的成功与否直接影响技术目标的实现和信息化建设的成效。一个科学合理、运行高效的教学管理信息系统，能够极大提升管理效率；反之，若构建不当，则可能对信息化发展造成阻碍。

高校在创建教学管理信息系统时，应持谨慎态度，进行周密规划，因为它是一项既复杂又耗时的工程。为了确保开发出的系统能够切实满足教学管理的需要，促进教学质量的提升，并避免开发过程中的资源浪费，必须在前期进行深入调研。这包括全面掌握学校的具体需求、当前状况和未来规划，同时融合先进的信息技术进行合理的

规划布局。这样，才能确保所构建的教学管理信息系统既技术先进、实用性强，又能在长期运行中保持稳定与高效。因此，在项目启动之前，做好充分的准备和深思熟虑是至关重要的。

在着手构建教学管理信息系统之前，进行深入的调查研究至关重要。这要求我们不仅要全面梳理和科学总结学校的办学定位、教学管理模式及流程，还要对学校的各类资源进行细致的统计分析，以便对学校的整体状况有一个明确的认识。鉴于我国多数高校倾向于采购现成的商业软件系统，在选择合适的软件平台时，我们必须将现有商业系统的功能与学校实际需求进行细致对比和严格测试，虽然这可能会延长前期的调研时间，但可以有效地防止因软件不适配而产生的后期问题。

同时，由于人才培养目标会根据国家和社会需求的变化进行调整，因此高校的教学管理工作也是一个不断发展和完善的动态过程。在规划教学管理信息系统时，不仅要满足当前的需要，还应具有前瞻性，考虑到学校的长远发展。虽然预测所有变化是不现实的，但对于办学规模的扩展、教学改革的深化及管理流程的优化等趋势，我们应做出合理的预测和规划。这样，可以降低未来学校情况变化导致的系统大规模修改或重建的风险，确保信息系统的长期稳定运行，并为未来的扩展预留空间。通过这种全面的考虑和合理的布局，不仅可以提升系统的实用性，还能有效控制成本，保障信息化建设项目的顺利实施与成功。

六、加强培训，提升教职员工信息化建设参与能力

教职员工在高校教学管理信息化建设中扮演着双重角色：既是受益者，也是主要推动者。先进的教学管理信息系统能否发挥其应有的作用，以及创新管理制度能否有效执行，在很大程度上依赖于教

职员工能否积极并正确地应用这些工具。因此，他们的信息技术应用能力和信息素养成为决定信息化建设成败的重要因素。当前，教职员工在信息化建设方面的能力普遍有待提高。为改善这一状况，迫切需要对教职员工进行有针对性的培训，着重增强他们在信息技术应用和信息素养两方面的能力。通过制订并实施系统的培训计划，不仅能够帮助教职员工掌握必要的技能，而且能够激发他们对信息化建设的热情，提高参与度。这将有效推动教学管理信息化建设向更高水平发展，不仅能提升工作效率，还能确保教育创新措施得到有效执行，进而促进教育质量的全面提升。

高校教学管理人员是教学管理信息化建设的中坚力量，不仅涵盖学校教学管理部门的职员，还包括各基层教学单位的管理者。他们既是信息化成果的受益者，更是推动进程的主要因素。信息化时代对这支队伍的信息化素质提出了更高要求，他们的信息技术能力和信息素养直接关系到教学管理的效率和信息化建设的成效。为确保这支队伍能够有效适应信息化挑战，加强对其培训至关重要。这不仅要让他们熟练掌握学校的教学管理规定与流程，更要增强他们在信息化环境中的适应力，使他们能够灵活运用信息技术处理繁杂的教学管理任务。鉴于高校教学管理的复杂性与多面性，管理人员须经过长期实践才能达到胜任水平。同时，团队人员流动是不可避免的现实。为维护教学管理信息化建设的连续性和稳定性，培养一批既具备较高信息素养和信息应用技能，又拥有丰富教学管理经验的人才显得尤为重要。因此，不断开展针对教学管理人员的强化培训，以稳步提升整个团队的信息化综合素质，显得尤为必要。这样的培训不仅能提升现有人员的能力，还能为未来的人员更替做好准备，从而确保教学管理信息化建设的顺畅进行。

高校普通教师的信息技术应用能力和信息素养是影响教学管理

信息化建设成效的重要因素。随着高校规模的迅速扩大，教师队伍日益壮大，一些教师在适应信息化教学管理方面面临挑战。为此，实施全员信息化教学培训工程至关重要。一方面，对于那些深受传统教育观念影响的教师，培训应着重引导他们接受现代教育理念，强化信息化教育的意识。通过树立新的教育观念，弥补他们在信息素养上的短板，并鼓励他们在日常教学中积极运用教学管理系统。另一方面，对于信息技术应用能力较弱的教师，应提供多样化、易于接收的信息技能培训。这些培训应注重形式多样、内容实用，以激发教师的兴趣和参与热情。通过这样的培训，目的是显著提高他们运用教学管理系统处理教学事务的能力。

综上所述，通过系统化且有针对性的培训，不仅能够帮助教师更好地适应信息化教学环境，还能有效提升整个教师队伍的信息技术应用能力和信息素养，为教学管理信息化建设的顺利进行奠定坚实基础。

第五节　新媒体环境下高校教学管理信息化的延伸发展

高校教学管理是学校发展的基础与核心，对教学质量和学校管理水平具有决定性作用。在新媒体时代，网络信息技术的广泛应用为教学管理带来了新的挑战与机遇。所谓媒体，是指承载、加工和传播信息的工具或介质。在教育领域，这些媒体转化为教学媒体，发挥着至关重要的作用。近年来，随着计算机多媒体和互联网技术的迅猛发展，其独有的人机交互功能将声音、图像、文字和色彩等多种教学元素融合，极大地丰富了教学过程。这些新型教学媒体不仅提供了丰富多样的信息资源，还具有传递便捷、互动性强等特点，从而彻底改变了传统教学模式和学习方式。在此背景下，高校必须积极拥抱新技术，创新教学方法，提升教学质量。通过引入多媒体和网络技术，不仅可以激发学生的学习兴趣和参与热情，还能提升教学效率，实现教育的个性化和灵活性。因此，如何有效整合这些新型教学媒体，已成为高校教育教学管理工作中的关键课题。

一、新媒体的定义及其特征

（一）新媒体的界定

关于新媒体的定义，目前业界尚无统一标准。《连线》杂志将其概括为"所有人向所有人的传播"，而清华大学熊澄宇教授认为，新媒体应具备与传统媒体不同的基本构成要素，否则仅能视为传统媒体的改进或升级。笔者认为，新媒体是指在传统媒体如报刊、广播、电视之后兴起的新兴形态。它依托数字技术、网络技术和移动技术，通过互联网、无线通信网和有线网络等渠道，利用电脑、手机、数字电视机等多种终端设备，向用户提供信息和娱乐服务。

（二）新媒体传播的特点

新媒体在传播方式上具有诸多与传统媒体截然不同的特点。

1. 多媒体综合体验

新媒体融合网络技术与多种媒介形式，如文字、图像、音频和视频，打造出全方位、多维度的信息呈现，为受众带来更加丰富和沉浸式的感官体验。

2. 个性化分众传播

新媒体能够针对不同受众群体的特定需求，实现定制化的信息推送。这种个性化的传播策略确保了信息的精准送达，更好地满足了用户多样化的信息需求。

3. 无界限的渗透传播

新媒体打破了时间和空间的限制，用户可通过手机、互联网、楼宇电视等多种终端，随时随地主动或被动地参与信息传播过程。

4. 技术驱动的传播平台

新媒体的传播依赖于先进技术，如互联网、移动设备和数字电视等，这不仅对平台的技术能力提出了高要求，也提升了受众的技术素养。

5. 深度交互性

新媒体提供了即时反馈的渠道，使受众能够迅速表达自己的意见和观点。这种高度互动性不仅增加了用户的参与度，还促进了多元观点的交流与碰撞。这些特点共同构筑了新媒体传播的显著优势，使其在信息传播、用户体验和互动交流等方面显著超越了传统媒体。

二、新媒体环境的不断优化

随着新媒体技术在高等教育中的深入应用，高校教学模式发生了显著转变，这不仅重新定义了师生间的互动模式，也深刻影响了学生间的交流与教师间的协作。然而，面对新媒体带来的这些变革，不少教育工作者和学习者尚未做好充分准备。为了有效利用新媒体提升教学质量与效果，并不断优化教学环境，关键在于不断更新教育理念，深化教育改革。通过这些努力，可以使高校的教学活动更加符合时代需要，确保每位参与者都能充分把握新媒体带来的新机遇。

为了适应新时代教育的发展，教师需积极更新教育观念，提升对交互式媒体和网络媒体的应用技能。在授课准备阶段，教师应深入了解电子白板等新媒体工具的全面功能，包括熟练操作电子笔及掌握各工具栏的实际用途。关键在于充分利用这些设备的互动特性，将它们的特点融入教学设计中，而不仅仅是作为传统黑板或展示工具的替代品。

同时，我们应全面推进网络教学辅助工作，推动教学模式的创新。这包括强化网络课程体系建设，实现教育资源的数字化，以及师生在线互动的日常化。进一步拓展教育资源数据库的内容，将学院专业设置、教研团队成果、精品课程等多种教学资源有机整合，动态展现学校的教学成果，并增强其社会影响力。

针对新媒体的使用，应组织专题培训活动，并为教育工作者搭建交流平台，分享他们在新媒体环境中的教学心得。同时，增加相关设施的开放时间和频率，让更多师生能够利用这些学习资源。此外，不断丰富"网络教学资源库"，鼓励师生根据自身需求主动寻找和利用资源库中的丰富资料。通过平台高效管理并整合校内外的优质教育资源，如 CAI 课件、音视频材料等，实现资源的广泛共享。另外，通过多种培训方式，教授师生如何访问、检索和下载所需信息，指导教师如何将这些线上资源融入备课过程，并激发学生探索知识的兴趣，拓宽学生视野，从而提高资源使用效率。

三、高校新媒体教学环境的建设与管理

随着高科技手段在教育领域的广泛应用，高校多媒体教室的建设步伐加快。这些现代化的教室不仅极大提升了教学效率和质量，还为传统教学模式注入了新的活力。然而，当前面临的一个紧迫问题是如何高效、合理且安全地规划与运行这些多媒体教室，确保它们能够更好地适应现代教学需要，同时保障教学活动的顺利进行。为此，教育管理部门需深入研究并制定出科学且有效的管理策略。

（一）多媒体教室建设的基本原则

第一，确保系统的实用性和操作的简便性，实现设备切换流畅，

效果显著，从而充分发挥其价值。教学工具的设计应直观易懂，便于教师和学生快速掌握。

第二，强调可靠性，将人机安全与设备的长期稳定运行作为设计核心。系统需在提供高质量服务的同时，确保用户安全，并通过技术优化降低运行成本。

第三，考虑设备的兼容性，确保不同品牌或型号的设备能够协同工作，避免兼容问题导致的资源浪费或功能限制。

第四，前瞻性也是关键，选择能够适应未来技术发展的硬件与软件，尤其是中央控制系统软件，以保持整体方案的技术领先。

第五，设计应具备可扩展性，满足未来接入互联网和使用外部教育资源的需要，提升系统的灵活性和长期价值。

第六，安全性同样重要，考虑到教室在非教学时间的使用，需采取如定制操作台和集成防盗防火功能等安全措施。

第七，便捷性也不可忽视，通过引入一键关闭所有设备的功能或支持远程控制，简化教师的准备工作，使日常操作更为便捷。

最后，考虑经济性，根据学校实际需要进行规划，在追求技术先进性的同时注重成本效益，确保投资性价比，避免不必要的豪华配置，以实现教育资源投入的效益最大化。

（二）构建智能化多媒体教学环境

在构建多媒体教室时，应遵循既定原则，科学地选择设备并精心设计操作台。需根据学科特点、教室地理位置、空间布局、面积大小及座位数量等因素，进行全面的规划和建设。此外，根据管理需求的不同，多媒体教室可分为单机型和网络管理型两种。

1.构建独立式多媒体教学环境

单机型多媒体教室特别适合于对设备需求较为基础的学科教学，

以及多媒体教室分布较为分散的校园环境。这种配置能够有效满足那些对多媒体设施依赖性不强，或者教室地理位置相对分散的教育需要。

（1）电子书写屏

电子书写屏的普及，不仅改变了传统的黑板书写方式，还免去了对额外显示器的需求。目前市场上，伯乐、鸿合等品牌的产品广受欢迎，它们支持同步操作与显示，并提供多样化的书写工具、自动布局、文档批注、手写识别、动态标记及后期编辑等功能。电子书写屏的使用，极大减少了多媒体教室设备因粉笔灰积累而出现故障的风险，尤其是降低了因灰尘过多导致的投影机频繁保护性停机，以及液晶投影机液晶板的物理损害。同时，它为教师营造了一个清洁无尘的教学环境，有助于保护教师的身体健康。

（2）中央控制器

为了保障投影机及其他多媒体设备的长久稳定运行，建议选用配备手动调节延时功能的中央控制器。该控制器能够通过设定精确的时间间隔，智能管理投影机、音响放大器、屏幕和电脑等设备的开关状态，不仅确保了投影机拥有充足的散热时间，从而延长了灯泡和液晶面板的使用寿命，还能有效避免设备在同时开启或关闭时可能造成的损害。

（3）投影机

投影机又称投影仪，它对视频方面进行优化处理，用于播放电影和高清晰电视；也可以显示微机输出的信号，用于日常教学演示。目前，多媒体教室主要通过 3M LCOS RGB 三色投影光机和 720P 解码技术，把传统庞大的投影机精巧化、便携化、实用化，使投影技术更加贴近教学需要。

（4）扩音系统

多媒体教室的扩音系统配置应综合考虑教室的大小、形状及教学所需的声学特点。建议选用无线话筒，这样教师在授课时可以自由走动，更好地利用肢体语言增强教学效果。目前市场上主要有壁挂式和组合式两种类型的扩音设备，它们都配备了线路输入接口，能够满足各种电子音源的扩音需要。然而，部分学校所采用的移频增音器虽然能在一定程度上解除有线话筒的限制，但由于过度削减了高低频段，使得扩音效果并不理想。

（5）操作台

操作台的设计需根据设备的具体规格进行科学合理的定制，以确保操作的便捷性和功能性，比如配备必要的接口。此外，操作台还应融入防盗措施，如采用电控锁的门禁系统，可通过中央控制器实现一键式开关机，让教师能够轻松启动或结束授课，提升使用的便捷性。

在单机型多媒体教室建设中，应针对多媒体教学的需要进行优化，淘汰如录像机、DVD播放机、展示台、磁带录音机等不常用或过时的设备，从而简化系统结构，提高教学效率和日常管理的便捷性。

2. 构建智能化网络管理型多媒体教室

网络管理型多媒体教室专为多媒体设备密集的教学区域设计，它能根据不同学科的具体需要，灵活配置多样化的功能。此类教室的核心优势在于采用了先进的网络中央控制系统，实现了远程控制与本地操作的双模切换，极大地提升了使用的便捷性和管理效率。此外，通过集成监控系统，管理员可以实时掌握教室使用情况，确保教学资源的合理调配和高效利用。与仅支持独立操作的单机型多媒体教室相比，网络管理型多媒体教室在资源整合及管理上具有更高的效率和灵活性。

（1）中控系统

网络管理型多媒体教室采用了尖端的网络中央控制系统，该系统集成了教室内的所有设备管理功能，并搭载了专业的总控软件。以其高度集成性、多样化的接口选择和卓越的功能性而广受赞誉。系统内置网络模块，遵循 TCP/IP 协议，能够通过校园网络实现设备间的互联互通，实现远程集中管理。此外，系统提供了网络操作、软件界面和手动控制面板等多种控制方式供用户灵活选择，并配备了延时开关机功能，有效防止设备因频繁开关电源而受损。这一设计不仅简化了操作流程，还显著延长了设备的使用寿命。

（2）操作台

操作台的设计借鉴了单机型多媒体教室的布局，针对设备的具体规格进行了细致的定制，以确保提供便捷的教学体验，如配备了必要的设备接口。同时，设计者充分考虑了安全性需要，为操作台增设了防盗功能。该操作台门锁既可通过连接到中控系统的网络远程操控开启，也支持本地手动操作。这种与中控系统相连的智能锁技术，既保障了操作台的安全性，又提高了使用的便捷性。此外，系统通过联动多种设备，实现了"一键启动"或"一键关闭"所有设备的功能，让教师能够轻松实现"即开即用"与"即关即离"，极大地提升了教学操作的便捷性。

（3）监控点播系统

教学监控系统为管理人员提供了远程实时监控教学现场的能力。通过专业的控制软件，该系统不仅能同步记录教师的计算机屏幕内容和课堂音视频资料，还能即时实现这些资料的点播与直播，从而为教学质量的评估与提升提供了强大的技术支持。

（4）对讲系统

双向通信系统的应用极大地提高了教学过程中问题的快速响应与解决效率。该系统支持多种形式，包括全双工和半双工对讲系统、传统的电话系统及基于网络 IP 的语音通话系统等。这些多样化的通信方式确保了信息传递的及时性与高效性。

（三）多媒体教学环境的管理与维护

随着高等教育教学基础设施的不断完善，多媒体教室的数量也在稳步增长。为确保多媒体教学活动高效顺利进行，对多媒体教室的管理体系进行不断优化和提升变得尤为重要。

1. 管理体系建设

随着教育技术与课程整合的不断深入，教师对多媒体教室的依赖日益增加。鉴于教师在技术应用熟练度上的差异，建立一套高效实用的管理制度显得尤为重要。以下是一系列重要管理措施。

（1）教师需提前预约使用多媒体教室，以便管理部门能合理统筹和规划资源。

（2）教师在使用多媒体平台时，应严格遵循操作指南，不得私自移动设备或更改线路；非相关人员禁止触碰多媒体设备。

（3）禁止在计算机系统中设置 CMOS 密码或开机密码，同时不得修改或删除任何原有的 CMOS 参数和应用程序。

（4）课间休息时，教师应关闭投影仪电源，以提升设备的使用效率和延长使用寿命。

（5）课程结束后，教师需按照规定的步骤安全退出系统，确保设备正常运行。

（6）使用完毕，教师应填写相应的使用记录表单，以便进行后续管理和维护。

2. 管理系统建设

多媒体教室管理系统的建设涉及两个核心部分：教学管理系统和网络控制管理系统。教学管理方面，正逐步摒弃传统的人工排课方式，转向更高效的在线预约模式。开发与学校实际需要相契合的多媒体教学管理系统，能够智能地安排课程，不仅极大提高了管理效率，也更好地适应了教学需要。

在多媒体教室网络控制管理方面，管理人员可在主控室远程操控教室内所有设备，完成所需功能，并能与教师实时交流，保障教学活动顺畅进行。国内有众多厂商提供这类系统，学校需根据自身需要，进行全面评估，选择最适合的解决方案。引入这样的系统，不仅加快了问题的发现与处理速度，而且通过简化管理流程，提升了管理的直接性和效率，有效应对了多媒体教室数量增长带来的管理难度和人力资源压力。

3. 管理队伍建设

以人为本的理念凸显了人才队伍在多媒体教室管理中的核心地位。在加强硬件设施建设的同时，也应着重提升管理技术团队的能力。作为多媒体教室建设与维护的中坚力量，这个团队对于保障教学顺利进行和推动教育技术与课程的融合发挥着至关重要的作用。考虑到高校教师对多媒体技术的掌握程度不一，管理人员不仅需要负责多媒体教室的建设与管理，还应肩负起为教师提供技术培训的任务，以更好地服务于教育教学。

在队伍建设方面，应逐步吸纳具有高学历和专业素养的人才，优化队伍的知识结构。对于现有技术人员，应制订系统的培训计划，定期组织他们赴国内外名校深造，特别关注新技术的应用与学习，以增强他们的专业技能和实际经验，确保技术能力与多媒体教学需要同步发展。同时，要充分认识到技术管理团队的价值，合理配置人才资源，营造良好的工作氛围，激发员工的工作热情。通过建立科学合理的绩效考核体系，不断提升团队的专业水平和综合素质，培养出一支技术精湛、乐于奉献、富有团队精神的管理技术队伍，使其在学校的教学与科研工作中发挥重要作用。只有不断优化人员结构，提升整体

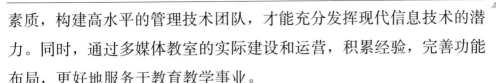

素质，构建高水平的管理技术团队，才能充分发挥现代信息技术的潜力。同时，通过多媒体教室的实际建设和运营，积累经验，完善功能布局，更好地服务于教育教学事业。

4. 管理方式建设

多媒体教室因其使用者众多、操作技能参差不齐且使用频繁，面临着独特的管理挑战。针对不同配置的教室，采取与之相匹配的管理模式对于高效利用管理资源至关重要。

（1）自助式管理

自助式管理模式允许掌握必要的多媒体技术和设备操作规程的教师自主管理所使用的多媒体设备。学期初，学校根据多媒体教室的设备情况对教师进行技术培训，内容涉及使用规则、操作流程及多媒体基础知识等方面。教师完成培训并通过考核后，将获得资格证书。在初期使用阶段，管理人员会在现场指导，记录教师的实际操作能力，并根据需要提供定制化培训。能够独立操作的教师将获得独立操作证书，并实行自助式管理，他们可以在上课前自行领取钥匙，进行设备的开关。

在此管理过程中，管理人员需加强设备的课后维护，每次检查结果都应及时记录归档，若发现问题须迅速处理，保障设备正常运行。自助式管理特别适合于分布较广或不具备集中管理系统条件的多媒体教室，这种模式能够有效减轻管理人员的工作负担。当然，成功实施该模式还须相关部门的协同支持与配合。

（2）服务式管理

学校在多媒体教室管理上采用服务式模式，通过高效的网络管理系统，实现教学设备的自动化操作。在上课前 5 至 10 分钟，系统自动启动投影机、电脑、展示台等设备，让教师能够直接开始教学，无须手动开启设备。

在此模式下，管理人员利用监控系统全程监控设备使用情况，并在课程结束后进行检查，关闭设备并锁定操作台以确保安全。无论是服务式还是自助式管理，都需重视设备的维护工作，加强巡查，翔实记录如投影机灯泡使用时长等重要数据，并定期重置计算机系统至初始状态。

这种管理方式不仅简化了教师操作，提升了工作效率，更彰显了以教学为中心的服务宗旨。多媒体教室的建设与管理是一项复杂的系统工程，科学先进的管理标准是教学顺利进行的关键。管理人员须在实践中不断探索，保持沟通，以教学需要为导向，不断优化管理机制，确保多媒体教学的高效运行，促进技术与课程的深度融合。

四、探索新媒体时代下高校教学管理改革的新路径

（一）探索新时代教育管理理念与观念的创新路径

要推动教学管理机制和制度建设的创新，首要任务是更新管理理念，树立创新意识。具体而言：首先，教育管理者需培养创新意识，深度剖析现有管理理念的不足，摒弃那些不符合新时代需要的陈旧观念，并以开放的心态接受新事物，积极适应新媒体时代的变革，汲取其中的新思想和新精神，为高等教育管理的改革和创新指明明确的方向和目标；其次，管理者应具备坚定的决心和毅力，坚持不懈地推动教育制度创新，在面对挑战时展现出坚毅的心理素质，勇往直前，始终保持对教学管理创新的热情和动力；最后，管理者需紧跟时代发展步伐，主动学习新兴科学技术，特别是充分利用信息技术开发辅助管理的平台和工具。通过不断提升科学思维能力和技术水平，更好地适应时代的发展要求。

（二）构建课堂环境，为学生营造良好的成长空间

高校教学管理的创新改革致力于营造更优质的学习环境与提供丰富的实践机会，助力学生全面掌握知识与技能。关键在于课堂改革的深化。在教学过程中，我们应坚持以人为本的教育理念，为学生提供充足的自主时间和成长空间，以激发他们的创造力和想象力。具体而言，可以推广开放式课堂模式，充分利用网络信息技术辅助教学，丰富学生学习和教师授课的方式及内容选择。在确保骨干教师队伍稳定和课程内容质量的基础上，鼓励跨院系合作，强化教学团队实力。这样，学生在修读专业课程的同时，能够根据自己的兴趣和爱好自由选修其他课程，拓宽知识视野，并助力他们发现并深入自己真正擅长或感兴趣的领域。

（三）探索高校教学管理模式的创新路径

推动高校教学管理的创新与改革，必须立足于科学先进的管理理念，不断对教学管理的各个环节进行改革。这包括日常教学、实习实训、教学评价与反馈机制、学生管理及师资队伍建设等方面。尤其是在教学评价与反馈机制上，传统的学年学分或完全学分制评价方法较为单一，难以全面反映学生的综合素质。因此，我们可以在评价体系中融入更多创新元素，如学生在校内外活动中所展现的创意思维、突出表现，参与实验竞赛的成果，以及自发组织有意义活动的经历等，均可纳入评价范围。

同时，建立校园网络评价平台和系统，用以展示优秀学生的成果和风采，并通过信息推送、微信公众号等多种渠道进行宣传推广，以此激发学生的学习热情和进取精神。教育管理是一项复杂的系统工程，不可能一蹴而就。管理者需不断探索和实践，寻找一条与本校实际情况相契合的创新改革路径。

高校教育教学管理与创新发展

（四）提升现代科学管理水平

新媒体时代，科技进步的浪潮已经深入社会各个领域，从企业运作、设备生产到管理模式变革，无不依赖先进技术的助力来提高效率与质量。高校作为国家人才培养的摇篮，旨在培养符合新兴技术产业需要的人才，因此在管理上也应积极引入科技力量。电子化、智能化、数据化和信息化的现代管理工具，为高校的教学管理机制及制度创新提供了坚实的支撑。比如，利用智能和数据技术，能构建起更加公正和精准的评价系统，促进信息共享，实时监控和评估教学情况，为决策者提供坚实的数据基础。科学先进的管理手段使高校教育管理更为精准高效，进而提升整体管理水平。

然而，新媒体时代下，高校教学管理的创新之路并非坦途，管理者认知局限、制度实施难度以及学校内部根深蒂固的传统管理观念等因素，都在一定程度上阻碍了高校的发展步伐。高校管理者需首先认清现实，把握时代脉搏，从更新管理理念、丰富管理内容、应用科学管理方法等多方面着手，不断探索和改革管理机制与制度，寻求更加适应高校发展的新模式，以实现管理效能的全面提升。

82

第三章　高校课程管理的创新发展

第一节　高校课程管理的基本原则

一、人本原则

"人本"理念强调以人为中心，将个体的积极性、主动性和创造力视为工作核心，旨在推动个人成长和社会进步。

在高等教育领域，尤其在课程管理方面，落实人本原则至关重要。教师是高校课程管理的核心资源，他们不仅是资源配置的主导者，也是学校持续发展成功的关键。只有一流的专业教师队伍，才能培养出高质量的学生，产出丰硕的教学和科研成果，进而赢得社会的认可和尊重。这不仅有助于吸引更多优质资源，缓解资源紧张问题，还能形成良性循环。

在制定人才培养目标时，高校应坚持人本原则，构建以应用为导向的人才培养模式。学科建设、专业设置和课程开设等都应以满足学生多样化发展需求为出发点，不断创新教学内容和方法，丰富课程管理体系。如此一来，我们能培养出多样化的人才，更好地满足社会多层次的发展需要。这种教育模式不仅提升了学生的综合素质，也增强了他们适应未来社会变化的能力，为社会发展做出更大贡献。

二、目的性原则

目的性原则作为高校课程管理的总体指导方针，明确了行为方向和价值观，并贯穿于整个管理过程。这一原则强调，所有资源配置和管理活动都应紧贴学校总体发展目标，以确保学校整体战略目标的实现。

在高校课程管理中，目的性原则主要体现在以下两个方面。

一是明确目标导向，在配置课程资源时，必须依据明确的目标进行。这意味着高校在设计课程时不仅要满足不同学生的需求和学习特点，还要兼顾社会政治、经济和文化发展的多元化需求。由此，课程设计能更贴近实际需要，更好地促进学生全面发展和社会整体进步。

二是资源与目标匹配，制定的各项目标都应有相应的课程资源支持。管理者需全面深入了解学校建设目标体系，从而制定最佳资源配置方案。这种科学的资源配置既提升了课程管理的有效性，又确保了各项目标得到实质性的支持与落实。

三、系统性原则

高校课程管理是一个复杂的系统，由教师、学生、教学环境、课程管理和课程评价等多个子系统构成。秉持系统性原则，可以充分调动各子系统的协同作用，实现整体目标。

在资源配置方面，遵循系统性原则至关重要。首先，要深入了解课程资源的各个组成部分，明确其特性和功能。全面了解各要素有助于进行有针对性的合理配置，确保各要素发挥最大效能。其次，各课程要素相互关联、相互影响，可以采用多种组合方式。要根据不同学科、专业和课程特点及发展需要进行有效整合。通过灵活多样的组合，使课程资源的整体功能得到充分发挥，促进教学活动顺利进行。

系统性原则要求高校课程管理从全局出发，综合考虑各子系统间的相互关系。通过科学合理的资源配置和优化组合，实现优质教学效果和社会效益。这不仅能提升教育质量，还能更好地满足学生和社会的多样化需求。

四、协调性原则

在高等教育日益普及的大环境下，高校需面对课程资源有限的问题。为应对此挑战，并确保教育质量与社会需要相适应，高校在课程管理方面应遵循协调性原则，公平高效地分配教育资源。协调性原则涵盖两个主要方面。一是外部适应性，高校需根据地区经济发展和社会需要调整办学方向及人才培养策略。这要求学校充分利用地方特色资源开展教学，并通过科研创新等途径回馈社区，支持区域可持续发展。二是内部平衡，高校在规划校内课程设置时，要在追求效率最大化与保证机会均等之间找到平衡点，确保每位学生都能获得适合自己的发展机会。同时，高校应在考虑投入产出比的基础上，鼓励良性竞争，以提升整体教学质量。通过兼顾内外因素，高校可实现课程资源的有效利用，推动教育事业与社会发展同步前进。

五、可持续性原则

可持续性原则强调的是长期有效利用资源，避免短期行为损害未来发展。作为非营利性社会公益机构，高校在课程管理中需平衡效率与成本，确保既能满足当前教学需要，又能为长远发展奠定基础。鉴于教室、实验室设施、教学器材、图书资料及师资力量等主要资源有限且不断消耗，高校须确保合理配置和高效利用这些宝贵资源。一方面，通过优化管理体系，加强课程安排的监督与指导，促进院系间资源共享，减少浪费和重复投资；另一方面，积极探索创新途径，利用科技提升设备利用率，适时更新或补充教学物资，加强教师队伍专业培训和发展支持，确保人力资源质量与数量满足教育事业需要。总之，通过这些措施，既能有效缓解资源紧张，又能激发校园生态系统活力，实现教学质量稳步提升和学校长期繁荣发展的双赢目标。

第二节　高校课程管理的重大意义

一、高校课程管理的理论价值

（一）完善课程管理理论

课程管理不仅是教育研究领域的一次重要拓展，也是课程理论自身逻辑演进和自我完善的体现。实际上，我国部分学者早已认识到课程管理的重要性，并明确指出，课程管理理论同课程设计与评价理论一样，是课程理论不可或缺的组成部分。随着课程理论研究的不断深化，解决课程开发、设计及评价等基础性问题，成为推动该领域成熟的首要任务。同时，随着改革进程的推进，课程管理的重要性日益凸显，逐渐成为亟待探讨的核心议题之一。这是因为，课程管理不仅直接关系到整个课程体系的有效运作，还与其他多个方面紧密相连。因此，加强对课程管理作用的认识及其相关研究，不仅是满足实际需要的表现，更是促进课程理论全面发展和完善的关键所在。

（二）高等教育管理研究的必要拓展与创新

高等教育管理和高校课程管理虽然有不同的研究重点，但目标一致，即以更高效的方式培养适应社会和高校需要的人才。高等教育管理已发展成为一门独立学科，研究内容包括高等教育体制、教育政策、经费管理，以及高校内部组织结构、人事安排、教学活动和后勤服务等多个方面。相较之下，高校课程管理更具针对性，涉及课程标准制定、课程实施过程监控以及管理机构设置和职能界定等具体操作问题。虽然高等教育管理学为高校整体管理提供了广泛的理论基础和分析框架，但其一般性原则并不能直接应用于课程管理这样的具体领域。由于高等教育管理学研究范围广泛，所以难以深入探讨课程管理中的细节问题。因此，如同对一般教育理论不能完全替代课程管理的专门研究，而另开辟一个专注于课程管理的研究领域显得尤为重要。这不仅有助于实现理论与实践的紧密结合，还能为解决具体课程管理问题提供有针对性的指导和支持。通过这种方式，我们能更好地满足教育实践中不断变化的需要，推动高等教育质量不断提升。

二、现代高校课程管理的实践价值

（一）推动高校管理理念的转变与确立

我国高校长期实行自上而下的行政控制模式，关键领域如学校设置、发展规模及学生培养标准等都由国家计划严格规定，缺乏竞争和淘汰机制，这在很大程度上约束了高校自主发展的空间和能力。然而，随着教育理念的不断更新，一种全新的大学管理理念正在逐步形成，即全面管理人才培养全过程，包括课程编制。这标志着我国高等教育管理在思想观念上发生了重大变革。为实现高效课程管理，须以课程评价和设计等基础理论为支柱，融入人员管理和机构调整的创新思维。开辟高校课程管理新领域，不仅有助于推动高校管理理念的彻底转变，还能促进相关领域的创新与发展。这一转变有助于构建一个更灵活、高效且适应社会需要的高等教育体系，提高高校的自我发展能力和竞争力。总之，高校课程管理的研究与实践是推动整个高等教育领域深化改革的重要环节之一。

（二）推动课程管理的顺利转型

自 20 世纪 50 年代起，我国高校课程管理体系一直由中央统一主导，形成了高度集中的管理模式。在建国初期，这种模式在特定历史背景下有其合理性。然而，随着课程改革的深入推进和社会环境的巨变，课程领域涌现出诸多新需求。如提升课程的弹性和灵活性，增强学校在课程设置上的自主权，以及根据人才培养目标适时调整课程内容等。这些新需求推动课程管理研究内容发生显著变化，进而要求课程管理体制进行相适应的改革。推进课程管理体制转型，可实现灵活高效的课程管理。这既有助于激发中央政府、地方政府和高校三方的积极性，又能明确各自职责与权限，确保各级管理部门各司其职。这一改革将提升整体课程管理水平，使高校更能适应社会变迁，培养出符合时代需要的人才。总之，课程行政体系转型不仅是应对当前教育挑战的积极举措，更是保障高等教育可持续发展的重要措施。

（三）促进高校课程改革的深入发展

课程改革是教育改革的核心，其成功与否直接影响整个教育改革的成果。它是一项复杂的系统工程，涵盖组织、实施、评估和推广等多个环节，每个环节都需要有高效的课程管理来支撑。如果这些主要任务无法得到妥善执行，课程改革就难以实现预期效果。当前，我国的课程管理水平尚不能完全满足课程改革深入发展的需要。随着课程改革的不断推进，提升课程管理水平变得尤为紧迫，以确保改革措施顺利实施并取得实质性进展。因此，强化课程管理不仅是应对当前挑战的必要措施，也是推动教育现代化，培养适应未来社会需求人才的关键所在。通过优化课程管理体系，可以为课程改革提供稳固的基础，进而促进教育质量全面提升。

第三节　高校课程管理创新发展的策略

一、优化课程教材管理

（一）严格把控教材选用质量

教材在知识传播和人才培养中起着关键作用，对于维护教学秩序、保障教学质量、创新教学内容及引领教学方向具有深远影响。近年来，随着我国高校招生规模的不断扩大以及社会对人才需求的不断提升，高等教育面临着更高标准的高质量人才培养挑战。因此，提高教材质量成为提升教育水平的关键环节。尽管不同层次的高校在教材选用上各有其特殊要求，但普遍遵循以下基本原则：优先选择优质教材，确保教材适应实际教学需要，注重教材的科学性、系统性和平衡性，以实现内容严谨、全面。基于这些原则，我们可以采取以下措施严格把控教材选用的质量。

1. 选用高水准优质教材

（1）设立严格的评审制度。组建由专家组成的教材评审委员会，全面评估拟选用的教材。

（2）提高教师参与度。鼓励一线教师参与教材挑选过程，结合教学经验和学生反馈，选用最合适的教材。

（3）定期更新教材。根据学科发展和教育改革需求，适时更新教材，确保教学内容具有时效性和前沿性。

（4）加强教材使用反馈。建立高效反馈机制，收集师生对教材使用的意见和建议，及时调整和优化教材选用。

（5）重视版权与合法性。确保所选教材符合相关法律法规，尊重知识产权，避免侵权行为。通过以上措施，不仅可以提升教材选用的质量，还能更好地满足教育教学需要，为培养高素质人才提供坚实保障。

2. 建立反馈机制以淘汰不合格教材

为了确保教材质量，我们需要构建一套完善的追踪和反馈机制。针对所有课程类型，如专业课、必修课、选修课和实验课等，我们应根据实际教学需要和具体情况来精选教材。每学期末，教师和学生应共同参与对所用教材的有效性评价。对于未能达到预定标准或师生反馈较差的教材，下一学期将不再列入采购清单，并需将相关意见书面提交给本科教学管理部门。首先，各学院需自行开展初步评估；随后，本科教学部门将对部分学院的自评结果进行抽查，以全面掌握全校教材质量情况。据此，学院可进一步优化下学期教材选择方案，不断提升教材质量。通过这一闭环管理过程，我们既能及时淘汰不合适的教材，也为教学质量的不断改进提供关键支持。

3. 提升教材管理团队的专业素质与业务能力

要确保教材质量的高水平，离不开一支专业且高效的教材管理团队的有力支持。在这一过程中，教材管理人员扮演着至关重要的角色。他们需要深入了解各专业的培养目标和教育计划，同时不断提升自身的专业素养和业务能力，以便更好地满足教学需要。这样，他们才能更准确地把握教材选择的方向，为教材建设提供科学合理的建议。因此，严格控制教材质量是教学管理工作的主要环节之一，对于保障整体教学质量具有至关重要的作用。通过提升教材管理团队的实力，可以更有效地支持教学活动，推动教育水平全面提高。

（二）加强新型教材的开发与建设

相较于传统纸质教材，新型数字化教材具有诸多优势。借助信息技术的强大支持，这些教材不仅让学生更便捷地获取知识，还能通过平台提供持续服务。数字资源可以迅速更新，且可根据需要随时扩充内容，极大地便利了学生的学习。然而，尽管新型教材带来了诸多积极变革，但其发展仍处于初级阶段，有些方面仍需进一步完善和优化。

1. 构建数字化教育生态体系

当前，新型教材在我国高校的应用和推广尚不尽如人意，其改善之道，关键在于强化数字化教育环境的构建，涵盖软硬件两个方面。

首先，就软环境而言，需提升师生的数字素养。对于数字素养的概念，当下师生尚缺乏明确的认识，对新型教材的认知也相对有限。因此，我们需要引导师生树立正确的数字教育观念，改变思维方式，以推动新型教材的健康发展。这包括开展相关培训和宣传活动，提升大家对数字教育资源价值的认识和有效利用的能力。

其次，硬件环境的建设也十分重要，需构建一个稳定高效的数字化教学平台。这不仅涉及基础网络设施的建设，还要求配备先进的数字教学设备、丰富的在线资源库及强有力的技术支持体系。若将数字教材无缝融入这样一个完善的数字化学习环境中，并实现与其他在线教育工具和服务的深度整合，能大幅提升新型教材的应用率和实用价值。综上，通过提升师生的数字素养意识和完善校园数字化基础设施建设，可以为新型教材创造更好的发展条件，推动其在高等教育领域的广泛应用。

2. 构建适应新型教材的教学模式

当前，学生在运用数字资源学习时，常常依赖网页浏览器，这种方式既效率不高，也可能对学习效果产生负面影响。为此，新型教材的开发者应致力于打造适应多种智能终端的应用程序。借助这样的应用程序，学生在阅读过程中可以轻松做笔记，从而提高学习效率。与此同时，相较于网页浏览器，智能终端应用能提供更为专注的学习环境，有助于保护知识产权。智能终端应用程序还能通过技术手段过滤与学习无关的内容，帮助学生更好地集中注意力，进一步提升学习质量和效率。因此，在新型教材的开发与推广过程中，智能终端应用程序发挥着举足轻重的作用。然而，在开发这些应用程序时，必须关注不同手持设备之间的兼容性问题。确保应用程序在各种平台上顺畅运行，并为用户提供一致且优质的体验，是提升新型教材普及率的主要因素之一。只有如此，新型教材才能真正成为主流教学资源，发挥其应有的价值。

3.构建新型教材的多维度发展模式

当前，我国新型教材发展主要有三种模式：终端硬件供应商主导、网络运营商服务及内容提供商主导的开发。这些模式使得不同学科在地位和利益分配上存在差异，各方都期望在开发过程中占据主导地位。然而，实践表明，单一主体难以独自掌控整个市场。未来，数字教材的优势将更加突出，尤其在教材更新速度、应用整合能力及提升学生学习效率等方面。为了促进新型教材的快速发展，为师生提供更优质的课程内容和课堂体验，三方合作至关重要，需构建一个协同发展的三维模式。这种模式能充分发挥各方优势，通过硬件、网络服务与优质内容的紧密结合，共同推动新型教材快速发展，满足教育现代化的需求。

（三）鼓励教师编撰教材与讲义

对于地方综合性大学，虽然其师资力量可能在全国范围内并非顶级，但在省内则具有较高的综合实力。这类高校应积极承担教材编写任务，充分发挥自身优势，组织教师编写高质量教材，并推动这些优秀教材走向更广阔的市场，提升我国学术研究在国际上的影响力。

针对拥有校级或省级特色专业的学校，应主动规划并制订详细课程计划，加大对自编教材和讲义质量的监管。通过举办内部评优活动，表彰优秀教材编写者，并推荐获奖作品出版。所有自编教材都应遵循出版标准编写，提前准备详细大纲，确保最终成果质量。

面对新高考改革的挑战，高校需高度重视并采取应对措施。新高考改革的核心在于人才培养模式的转变，这需要在顶层设计优良的同时，实际执行环节也能落实到位。为确保新高考真正发挥出推动素质教育的作用，高等院校不仅要积极回应中学教育的变革，还需在后续教育阶段做好衔接。具体而言，根据新高考带来的生源结构变化调整课程设置，弥补学生在某些方面的不足，同时确保课程内容与高中基础课程及专业课程间的内在逻辑一致性，从而保障学生专业知识体系的完整性和系统性。

面对新高考改革带来的高校招生录取制度挑战，尤其是选考科目变化导致的教材遴选难题，高校需采取双重策略应对。

首先，针对专业基础要求较高的课程，高校应重新规划课程设置。针对高中阶段可能存在的基础知识不足，可以将相关内容设为大一必修课，确保学生进入专业学习前奠定坚实基础。教师应根据本校专业特色、学科设置及生源结构差异，编写适用的教材。虽然过程较长，但教师需在保证编写速度的同时，严格遵守教材出版规定和程序，确保教材质量。高校还应鼓励教师编写高质量教材，以适应新高考改革下的学科规划与建设需求。

其次，针对短期内可能出现的教材缺失问题，尤其是选考科目与专业要求不匹配的学生，高校应积极开设基础预科课程。这些课程旨在帮助学生弥补基础知识不足，顺利过渡到专业学习。高校应在开学前统计学生需求，鼓励有需要的学生自愿报名参加预科课程。同时，教材管理人员要妥善处理预科教材征订事宜，确保学生开学后能及时获得所需学习材料。

总之，高校需通过调整课程设置、加强教材编写及提供必要预科教育等措施，应对新高考改革挑战。这不仅有助于解决教材遴选问题，还能促进学生全面发展，确保在新教育环境中顺利完成学业。同时，高校要在教材管理方面更加精细化，充分考虑学生发展需要和专业特点，统筹规划，适应新高考改革带来的生源结构和育人模式变化。

高校自主编写高质量教材，既能及时满足教学需求，又能体现地方特色，从而提升教学品质。统一编写的教材虽有高质量保障，但其内容侧重于通用性，难以满足各地具体和个性化需要。相较而言，教师自编教材更能有效地解决这些问题。此外，鼓励教师自编教材也是培养和锻炼教师队伍的有效途径。编写过程有助于提升教师，尤其是青年教师的学术水平和理论水平，使他们更深入地理解学科内部关系与逻辑。通过编写教材，教师可以推动教学内容和方法的创新，进一步提升教学质量。因此，自编教材不仅丰富了教学资源，更是促进教师专业发展、提升教学效果的重要手段。

（四）完善教材评价与激励机制

完善和优化教材评价与激励机制是提高教学质量的重要环节。学生作为直接使用教材的主体，他们的反馈对保证教材质量具有很高的参考价值。教材的内容、编辑质量、图文设计及学习效果等方面，都可以通过学生的评价得以体现。随着教育需求的变化，教材质量的要求也在不断升级，因此，构建一个科学、全面的教材评价体系显得尤为重要。

教材评价并非仅仅是若干指标的简单相加，而应根据一套合理的标准进行综合评估。普通高校在教材评价和建设方面可能受限于教师的专业水平，缺乏权威性和指导性。为此，我们可以采取以下步骤来优化教材评价机制。

一是教师自我审查。教师应对所选用的教材进行全面的质量把关，确保教材与教学大纲和教学目标的一致性，同时兼顾学生的学习特点。此外，还需考虑教材的自学便利性及结构合理性等因素。

二是专家评审。邀请相关领域的专家对教材进行评估，重点关注教材的学术性、系统性、逻辑性、创新性及规范性等方面，以确保教材内容的高质量。

三是学院考核。在教师和专家评审的基础上，学院应制定具体的考核指标，如优秀教材使用率、规划教材使用率、近三年出版的新教材使用率及国外原版教材使用率等，并将这些指标纳入教学管理考核体系，全程监控教材质量。

四是学生反馈。收集学生使用教材的体验，包括文字规范程度、与授课内容的相关性、内容深度是否符合学生认知规律等，作为评价教材质量的重要依据。

为了进一步激发教师参与教材建设和管理的积极性，需要建立完善的激励机制。这包括经济奖励，同时也要创造良好的工作环境，减轻教师在教材管理工作中的负担，从而提升整体的教材管理水平。通过这些措施，有助于不断改进教材质量，为学生提供更优质的教育资源。

（五）提高教材管理工作的效率

随着我国高等教育的深入改革，高校教材管理的重要性日益凸显，其直接影响教学活动的顺利进行。承担这项工作的教材管理人员，需要具备扎实的业务能力、严谨务实的职业精神和高尚的职业道德，他们要能准确把握教育教学目标，并根据各专业实际需要进行科学的教材管理。

为了提升教材管理效率，我们必须加强对这项工作的重视和支持，并不断培养和锻炼职业精神。这包括加大人财物的投入，合理配置教育资源，强化对教材管理人员的选拔和使用，以打造一支高素质的管理队伍。同时，通过举办培训班、专家讲座，或利用微视频、慕课等网络教学手段，全方位提升现有人员的综合素质和业务能力。

另外，完善高校教材管理的信息化系统也至关重要。基于计算机网络技术，构建高效的信息管理系统，实现信息传输的高效、快捷和便捷。例如，构建一个覆盖教材选择、订购、发放和使用全过程的校园网信息化管理系统，实现学校、教师、学生和供应商的实时对接，以便及时反馈教学需求，提高选书准确性，节省人力资源，缩短管理时间。特别要培养一批技术过硬的管理人员，引领团队，提升整体信息化管理能力。通过培训、知识补充和技术指导等方式，全面提升现有人员的信息管理能力。同时，引进具有优秀专业素养和信息管理能力的人才，加强高校信息化教材管理队伍建设，提升整体管理水平。

综上，通过培养职业精神、优化资源配置、提升信息化管理水平，我们可以有效提升高校教材管理效率，更好地服务于教育教学活动。

二、推行以人文为导向的高校课程价值管理

（一）强调以学生为中心的高校课程目标

教育的核心任务是培养全面发展的人才，因此，优化高校课程

管理应当注重培养具有德才兼备、全面发展能力的个体。在这个过程中，将育人与育才相结合，实现教育的核心目标。这样，我们的教育才能真正为社会的进步和个体的发展贡献力量。

1. 课程应以培养全面发展、自我实现的人为目标

大学教育应以全面发展为目标，这一理念应贯穿所有专业和课程。传统教育侧重于专业知识与技能的传授，侧重于培养专业人才，但在推动个人全面发展的过程中，这一目标往往表述模糊或被忽略。这种偏向可能导致学生在某些方面的发展失衡，如职业技能强但人文素养不足，或反之，人文素养较高却缺乏职业技能。

这种现象揭示了当前人文课程的困境，也强调了开展以人文为导向的课程改革的紧迫性。因此，高校课程的目标应着重于培养全面发展、自我实现的人才。课程改革应围绕这一目标进行，确保课程内容既涵盖职业技能，又强调职业操守；既传授知识，又引导学生树立理想信念。通过这样的课程学习，学生不仅能够掌握专业知识，还能提升自我实现的能力；不仅能明确自我身份，还能倾听内心的声音，探索人生的真谛。只有这样，教育才能真正实现育人与育才的有机结合，培养出德才兼备、全面发展的个体。

课程目标的制定应以培养全面发展的个体为核心，摒弃过去空洞、形式化的目标设定。教育的终极目标在于成就"人"，防止教育过程中对人性的异化和物化。具体而言，课程目标应明确尊重学生个性、培养健全人格、遵循身心发展规律、提升思维认知水平等要求，使学生在现实生活中能全面展示其知识、能力和情感，从而获得人生价值感。

教育在人的发展中承担着重大责任，其核心使命是促进个体全面发展与价值实现。教育既要发展人的理性，也要关注非理性层面，引导人们追求真、善、美。因此，高校课程不仅应帮助学生掌握基本

生活技能和知识，发挥知识的实用价值，为学生的生存和发展提供动力，更应深入挖掘知识背后的人文价值。通过这样的教育，学生不仅能学会生存，还能学会与他人和谐共处，增强价值理性，深刻理解生命意义。这才是课程应有的终极关怀。

2. 专业课程目标应明确体现人文理念

高校教育应以培养全面发展的个体为核心，注重学生的全面发展。这一理念应贯穿在所有课程中，包括但不限于人文专业课程和非人文专业课程。尤其在非人文专业课程中，人文关怀极易被忽视，因此更需要突出其重要性。总的来说，无论是人文专业还是非人文专业课程，都应明确树立人文关怀的目标。对于非人文专业课程，除了教授专业知识和技能外，还应融入人文素养的培养，确保学生既有扎实的专业能力，又具备深厚的人文底蕴。如此一来，教育才能真正实现全面发展人的目标，助力学生在职业发展和个人成长道路上取得更高的成就。

（1）非人文专业课程的目标应体现人文关怀

当前，在制定高校专业课程目标时，大多侧重于知识传授和满足社会需求，却忽视了课程中所蕴含的人文元素。以科学课程为例，这类课程不仅教授学生追求真理、掌握科学知识和技能，还富含丰富的人文内涵。如科学精神、科学家品质及科学本身的美学价值，皆能丰富学生的精神世界。若教师在教学过程中注重引导，这些人文因素将潜移默化地影响学生，使他们不仅在学术上有所收获，更能全面发展科学素养。尤其在理科和工科类课程目标制定上，应强调其人文性，通过融入人文元素，提升学生的人文素养。这种做法对学生全面发展具有重要意义。在专业课程中体现人文关怀，不仅可以强化学生的专业知识，还能培养他们的道德情操、审美能力及人文精神，从而推动学生在学术和人格方面的全面发展。总之，专业课程目标不应仅

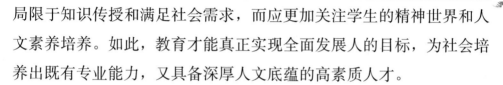

局限于知识传授和满足社会需求，而应更加关注学生的精神世界和人文素养培养。如此，教育才能真正实现全面发展人的目标，为社会培养出既有专业能力，又具备深厚人文底蕴的高素质人才。

（2）人文专业课程目标应更注重人文素养的培养

如今，许多人文专业课程过于注重职业化和专业化，忽略了人文内涵的培养。实际上，人文专业的课程目标应着重于提升学生的人文素养，让他们在学术探究中收获自由与全面发展。因此，我们需要强调人文性，充分发挥人文专业的独特优势，而不仅仅是传授专业知识。对于处在世界观、人生观、价值观形成阶段的学生来说，人文素养的培养至关重要。在制定课程目标时，我们需要将人文素养的培养目标具体化、精细化，确保其科学性和可操作性，避免空洞和分裂的表述。遗憾的是，当前许多高校在人才培养方案中，对人文素质培养的表述过于笼统，甚至出现"目中无人"的现象，仅仅是口号式的表达，难以落实。美国麻省理工学院（MIT）在制定人文课程培养目标时，注重引导学生将知识与现实和未来联系起来，深入探讨与人类相关的理论和思想体系，了解不同文化和社会制度下的政治、经济和文化背景。这种具体且可操作的培养目标，相比我国许多高校的"德智体美全面发展、提高人文素养"等概括性表述，更具启发性和可行性。课程目标对课程内容的制定和实施具有直接影响，因此，我们需要重视其人文引领作用。将学生的人文素养培养目标具体化，确保他们在课程学习中能够感受到更多的人文关怀。只有这样，才能真正实现人文教育的价值，助力学生在学术和人格上的全面发展。

（二）突出人文理念的高校课程内容

人文引领的课程价值取向致力于培养全面发展的个体，使其在知识技能和人文素养上都能得到提升。在课程内容设计上，我们应激发学生的人文需求，培养他们对专业领域的人文情感，并为他们灌输丰富的人文理想与信念。同时，深入挖掘课程背后的文化内涵，因为几乎所有课程都根植于文化之中。现代课程设计是将文化中富有生命力的元素，如价值观念、原理、概念、工具性知识和技能、态度等，以尊重学生生活为原则，按照简约性和迅捷性标准组织起来的过程。因此，我们务必要重视每门课程所蕴含的深厚文化特质。课程内容应不仅传授专业知识，还需传播文化的价值和意义。这样一来，学生不仅能掌握学科知识，还能深入理解背后的文化底蕴和社会价值。综上，课程内容设计应注重融入人文理念，激发学生内在的人文需求，培养他们对专业的热爱和人文情怀。通过挖掘课程的文化内涵，能够更好地实现教育的终极目标：培养全面发展的个体。

1.优化通识课程中的人文课程配置

随着我国对通识教育和素质教育的日益重视，高校通识课程的比例逐渐上升。然而，专业课程仍占据主导地位，通识课程的核心——广泛且实用的知识，以及人文课程的重要性，尚未得到充分体现。通识课程旨在拓宽学生视野，赋予他们更大自由，人文课程则是其中的主要部分。

目前，高校通识课程占比一般在10%—30%，但其中人文课程的比例相当有限。除传统必修的人文课程如"两课"和大学语文，真正的人文选修课程寥寥无几。大学生主要通过通识课程接触人文知识，但现有的人文课程内容设置不足，限制了他们的人文素养提升。

为此，高校应优化通识课程设置，增加选修课程，并适当提升人文课程在通识课程中的比例。具体建议如下：一是标准化设置，制定通识课程设置的专门标准和规定，确保教师胜任人文课程的教学，避免随意性，保障人文课程质量；二是丰富选修课程，在选修课程中增加人文课程数量，使其成为专业课程的有益补充，人文课程应涵盖更广泛领域，形成完善体系，满足学生多样化需求；三是合理设计课程内容，课程内容应符合学生身心发展规律，为人文课程留出更多空间，使其成为学生全面发展的重要支柱。

通过以上措施，高校能更好地实现通识教育目标，培养学生的综合素质，实现学术与人格的全面发展，为社会输送更多具有人文关怀和全面能力的人才。

2. 增强专业课程的人文性

在如今高校多样化的课程体系中，人文、社会和科学三类课程各具特色，对学生的全面发展具有至关重要的作用。它们不仅能提升个人能力，还能从不同角度增强学生对自我和世界的认识。

首先，人文课程旨在培养学生的文化修养和人文精神，通过深入研究文学、艺术等领域，引导学生探索内心世界，实现自我认知的丰富和多元。其次，社会学科关注人与外部环境的互动关系，强调了解社会发展历程和各类社会现象背后的逻辑，以提高学生对环境的认识和社会责任感，从而实现对自我的全面认识。最后，自然科学教育侧重于传授严谨的研究方法和批判性思维技巧，培养学生探索自然规律的兴趣，同时塑造他们尊重事实、追求真理的价值观念。

为充分发挥各类课程的独特魅力并实现有机融合，我们应倡导跨学科教学模式。在设计课程内容时，不仅要关注专业知识，还需挖掘其中的人文内涵，并巧妙地将这些元素融入日常教学。这样，在保证学术深度的同时，还能强化课程对学生人格塑造的积极作用，使学生在任何领域的学习过程中都能感受到关爱与支持。这种以人文关怀为核心的教学理念，为建设和谐美好的校园文化奠定了坚实基础。

为了推动学生全面发展，我们应在各类专业课程中融入更多的人文元素。首先，在非人文专业教学中，教师应深入探讨学科背后的文化内涵和精神价值，使学生在掌握专业知识与技能的同时，也能培养出崇高的职业理想和深厚的人文情怀。而对于文学、历史、哲学等人文专业，教育者应超越单纯的知识传授和技能训练，重视提升学生的人文素养，通过这些课程引发他们对人类经验和价值观的深入思考。

在设计课程时，应以人的本质为出发点，全面考虑个人潜能的开发、成长需要和不断变化的社会环境等因素。同时，我们需认识到社会是由个体组成，因此对课程意义的理解也应回归到对人的关注。同样，在探讨自然现象时，要意识到人与自然间的紧密联系，人类生存离不开自然，而人类活动也影响着自然界。

无论是人文社科还是理工科专业课程，都应体现人文关怀。仅依靠通识教育传递人文精神是远远不够的；若只在通识课中强调人文性，而在专业课中忽视人文性，将导致教育体系断裂，不利于学生个人发展和形成完整的世界观。正如耶鲁大学前校长斯密特德所说，"你们就是大学"，这句话凸显了将学生视为教育核心的理念。这不仅是对耶鲁传统的传承，更是对现代高等教育使命的深刻诠释。它提醒我们，始终以促进每个个体发展为宗旨，坚定人文引领的方向。这样的教育模式有助于学生更好地认识自我，并为创造更美好的未来贡献力量。

（三）高校课程中的人文性体现与实施

课程实施是将教育理念付诸实践的关键步骤，它不仅是课程内容选择的过程，更是检验课程是否真正体现人文关怀、促进学生全面发展的重要环节。现代教育应深入反思对人类普遍价值的关注，并通过具体的教学活动来落实这种人文精神。

高校在设定课程目标和规划时，怀揣着美好的愿景，期望学生通过学习获得丰富的知识、培养特定的能力与品格。然而，这些理想化的蓝图能否变为现实，关键在于课程实施的具体操作。为了构建以人文为导向的教育体系，我们不仅要重视"课"的设计，更要关注"程"的展开，即如何动态地、创造性地推进教学活动。在这个过程中，教师和学生共同参与，不断探索新的教学方法和学习路径，使每一堂课都充满活力与创新。

课程实施阶段所展现的价值取向直接反映了学校的教育理念，对学生的学习态度及未来发展方向产生深远影响。因此，在这个环节中，我们需要确保每一个细节都能够体现出对个体成长的支持与尊重，让每一位参与者都能感受到教育本身所蕴含的人文关怀。这样的教学环境不仅能帮助学生掌握必要的知识技能，更能激发他们对生活和社会的深入理解与感悟，从而培养出具有社会责任感和全球视野的新时代人才。

1. 课程实施应契合个体特性

教育，与人性的发展紧密相连，拥有深厚的历史底蕴，是人类社会不可或缺的组成部分。教育学，作为一门探究人性的学科，要求我们在课程设计和教学实践中，始终以个体的成长和发展为核心。这意味着，在教育过程中，我们应尊重每一个独特的个体，认识到课程不仅是知识的传授工具，更是个人全面发展的推动平台。

为了更有效地促进人的发展，我们需要遵循人的自然属性和成长规律。张楚廷教授提出的人的五大特性：自生性（自我生长）、自增性（自我增长）、自语性（创造属于自己的语言表达方式）、反身性（反思自身）以及审美性（追求自我完善），是基于恩格斯的观点，从自然界本身认识自然界，从教育的本质探讨教育，以及从人的内在特质来认识人。这种视角不仅富有深刻的哲学内涵，也强调了教育应尊重并激发每个人内在的独特潜能。

第一，在教学过程中，我们需全面考虑每个学生的个体差异。

人类具有主动性和巨大的发展潜力，每个个体都蕴含着有待挖掘的才华与智慧，并且具备不断成长和发展的可能性。教师应尊重并激发学生的主动性，将他们视为教育教学过程中的主体，从而促进他们的自然成长与发展。通过这样的教学方式，教育不仅能够传授知识，更能助力学生发现自我、培养能力，实现个人全面协调发展。

第二，课程实施应注重挖掘并激发学生的自我成长和发展潜力。每个人内心都蕴藏着未完全开发的自然力量，这种力量具有动态性和发展性。教育应以学生的实际需求为出发点，遵循他们的成长规律，从而成为推动个人发展的强大动力。课程设计不仅要传授知识，更要激发学生的潜能，帮助他们不断进步和成长。

第三，课程还应重视学生的反思能力。真正的教育源于人的本质，它不仅仅是外在知识的灌输，更是通过个体对自身和外界的认知来促进成长的过程。人不仅具有意识，还存在自我意识，即"自我"与"我"的关系。这意味着教育活动应强调主客体之间的互动与融合。教育的核心在于引导学生经历反思的过程，从初始的"我"逐步发展为更好的"我"。在这个过程中，学生需通过自我反思，将自我与所学知识、社会环境等外部因素相结合，以更好地认识自己，并处理好"自我"与"我"的关系。因此，在课程实施中，我们不仅局限于知识的传授，更应在师生互动中鼓励学生进行自我反思，使他们在认识世界的同时，也能深刻地认识自己，最终实现个人的全面发展。

第四，课程实施应充分重视学生的审美特质。在个人成长过程中，美学元素是其不可或缺的精神养分。人类作为自然界中最高尚、最完美和最美好的存在，天生具有追求美的本能。人们在构建美的过程中，按照美的规律不断发现自身的不足，并努力完善自我。因此，教育的核心任务之一就是发掘并引导学生在客观世界中的审美体验，满足他们精神层面对于美的追求。当前课程设计往往过于侧重客观事实的传授，而忽视了对审美的引导。实际上，学生的审美需求是最基本的教育需求之一，但却常常被忽视。通过在课程中融入美学元素，可以激发学生的内在潜能，推动其全面发展。

第五，重视学生所处的环境同样至关重要。人的反思活动受到环境的普遍影响。环境对学生的发展具有不可忽视的影响，尤其在课程实施过程中。学生在特定环境中展现出主动适应的能力，因此，一个良好的学习环境和氛围能够大幅提升学生的自我认知和成长能力。教育者应致力于营造一个积极向上的学习环境，这种环境本身就是一种隐性的教育资源。优秀的教育工作者不仅注重显性课程的设计，还会努力使校园环境成为一部生动的教科书，潜移默化地影响学生。存在性、能动性、反思性、审美性和环境适应性这五种特性对应着五个基本公理，即存在公理、能动公理、反思公理、美学公理和中介公理。这些特性和公理根植于人文关怀，回归到对人的本质理解，体现了对课程设计的哲学思考。只有当课程实施与人的这些特性紧密结合，才能真正体现出其人文价值；只有充分满足人的实际需求，课程才能实现其应有的教育意义。

2. 推动学生智慧成长

课程的最终使命是塑造学生的智慧，使他们具有自我更新的能力，获得生命的升华。课堂教学作为实现这一使命的核心环节，应强调构建和谐且互信互助的师生关系，将学生的学习热情、意志力、生活经验及情感态度放在至关重要的位置。过去的教育模式过于注重知识传授，而忽视了学生的主体地位，这种重知识轻人格的倾向亟待改变，以赋予课程更丰富的人文内涵。课程实施是一个富有活力和智慧的过程，教师需在教材、学生、环境及师生互动等多个层面进行灵活应对。所有这些策略都应以满足学生的需求和发展为核心。我们应摒弃僵化执行教学计划的思维，转而采取更加灵动的教学方式，使课程能够根据实际情况不断调整与生成。

首先，课程的定位应超越单纯的知识传授，致力于提供更广泛的信息。虽然在理论上，信息是有限的，但我们的感知却是无限的。课程教学中，教师不仅要传授知识，还要注重传递个人情感、信念、态度和期望等无形的信息。这些信息可以直接或间接地表达，从而让学生接触到更宽广的知识领域。这比单纯的知识传授更为重要，因为这样的课程不仅能增长学生的知识，还能培养他们的智慧，真正体现以人为本的教育理念。

其次，教学过程中应高度重视学生直觉能力的培养。与逻辑思维相辅相成，直觉思维在人文领域具有重要作用。它表现为整体性、迅捷性、易逝性和创造性，与逻辑思维形成互补关系。逻辑思维代表着左脑的理性分析能力，而直觉思维则体现了右脑的感性交流功能。在教学过程中，教师不仅要发展学生的逻辑思维，还要为他们培养直觉思维创造有利条件。教师应鼓励学生多思考、灵活运用所学知识，并激发他们的想象力和自由表达的能力，实现直觉与逻辑思维的共同发展。

在课程教学中，培养学生的质疑能力被视为重中之重，甚至超越单纯的知识传授。教学过程中应始终贯穿质疑，因为它在教与学的过程中起着至关重要的作用。正如歌德所说："人们在知识匮乏时往往拥有确切的知识，而随着知识的积累，怀疑也随之增加。"因此，教师应摒弃过度强调被动接受和灌输的传统教学方式，引导学生主动质疑、提出问题，并通过自我探索寻找答案。质疑与知识相辅相成，真正的学问源于不断提问和解决问题的过程。"学问"二字本身就包含了"学着发现和提出问题"的意义。我们不应轻易否定学生的质疑，因为质疑是学习过程中不可或缺的一部分。教育的真谛在于教会学生如何质疑。

3. 重视潜移默化的人文教育影响

隐性课程在高校人文教育中起着至关重要的作用，它通过潜移默化的方式，对学生进行深层次的人文素养熏陶。在强调显性课程人文性的同时，我们还应充分挖掘和利用隐性课程的内涵。

校园文化建设与隐性课程密切相关。学校应积极营造优秀的校园文化，使之成为学生人文情怀的重要熏陶来源。虽然隐性课程不像专业课程那样体系完整且成效显著，但它对学生的影响却是深远而持久的。

隐性课程的内容丰富多样，包括图书馆的藏书、学校的历史底蕴、校园建筑风格、科研设施及教师的言行举止等。这些元素共同构建了学校的隐性文化，无形中提升了学生的人文素养。例如，一所具有悠久历史和独特文化氛围的学校，其隐性课程中蕴含的人文精神可能比课堂教学更具影响力。

在课程实施过程中，学校应充分利用这些隐性资源，使课程更加富有生命力和人文气息。这不仅有助于培养学生健全的人格，还能提升整个教育过程的人文品质。关注并丰富隐性课程的文化内涵，是提升现代课程人文性的重要环节。

三、高校专业课程管理的创新探索

（一）整合多维度定位课程目标

1. 根据职业岗位需要进行定位调整

例如，在旅游高等教育领域，课程体系的总体目标在于从宏观层面对专业人才培养方向进行明确，并为具体核心课程目标设定提供指导。这一目标的实现，旨在培养具备全面职业能力的复合型人才，适应各种旅游相关岗位的需求。鉴于不同岗位对职业能力的需求有所差异，旅游管理专业的课程设计应紧密对接旅行社、旅游规划公司、文旅集团及旅游酒店等核心职位的要求。

为实现这一目标，旅游院校需根据旅行社、酒店等不同类型的旅游企业以及研究机构的实际需要，定制化地制定教学目标。这样一来，每门核心课程都将围绕某种职业技能展开，确保学生在学习过程中获得与未来工作密切相关的知识和实践经验。

旅游管理专业的课程设置只有与行业实际岗位需求高度匹配，才能有效提升毕业生的就业竞争力，使他们成为市场需求的专业人才。这不仅有助于学生顺利步入职业生涯，同时也为旅游业输送了高质量的人才资源。

2. 根据学生发展需求进行教育教学改革与定位

在制定课程目标时，我们必须优先考虑学生的个人发展需求，因为他们是教育的主要受益者。然而，现实中课程目标的制定往往受到政府指导方针或行业趋势的影响，这些目标更强调一致性和整体性，而对学生的个性化发展路径关注不足。新一代大学生的个性鲜明，他们的学习目标和兴趣点各具特色。为了更好地适应这一变化，教育机构需要采用更为灵活的方法来构建课程体系。首先，可以通过了解学生的职业规划、就业倾向和个人发展目标进行分组，并为不同学生群体制定相应的学习目标。其次，实行自主选课制度，让学生根据自己的兴趣和实际情况选择适合自己的课程内容。这样既能满足他们的个性化学习需求，又能促进其全面发展与能力提升。通过这种方法，我们既保证了教育质量，又尊重了个体差异，有助于培养出既具有专业技能又能独立思考的新时代人才。

3. 根据学科、学校和地区特色进行定位

尽管课程目标旨在为学生设定通过系统学习后应达成的具体成就，但许多学生对现行的目标仍表示不满。这些问题主要源于目标定义的模糊性，以及缺乏独特学科特色和地域特点。由于各高校在设置课程目标时采用相似的标准，因此导致人才培养模式的趋同化，这不仅削弱了学校的办学特色，也影响了毕业生在就业市场上的竞争力。

为改善这一现状，高校应根据自身优势和定位，制定更具个性化的课程目标。一方面，学校可以充分挖掘其特有的学术资源和专业背景。例如，北京第二外国语学院可凭借其强大的语言教育基础，在相关领域深化教学内容；东北财经大学则可利用其在经济学科的深厚积淀，培养具有专业特长的人才。另一方面，不同地区的高校应考虑到地理位置所带来的独特文化和资源优势，将当地的文化遗产和地理条件融入教学计划。如沈阳师范大学可以围绕沈阳故宫、张氏帅府等地标性建筑开展实地考察或专题研究项目，以丰富学生的知识结构并提高其实践能力。

（二）优化课程内容，提升教学质量

学生普遍认为，当前高校的课程内容在前沿性、难度和实用性三个方面存在不足。为了改善这一状况，我们需要从三个方面对课程内容进行优化，确保专业课程设置更加合理，从而更好地满足学生的成长和发展需求。

1. 将新旧知识融合创新

高校专业课程内容的陈旧与缺乏创新是我国教育领域亟待解决的问题。虽然许多院校已经采取了一系列改革措施，但知识更新的速度仍难以赶上行业发展的步伐。为了确保课程内容始终与时俱进，我们可以从三个方面进行优化。

首先，教师应发挥关键作用，积极追踪并整合各自领域的最新研究成果和发展趋势，将这些前沿信息融入日常教学中。通过建立一种灵活的内容更新机制，使课程始终保持新鲜感和相关性。

其次，我们应鼓励学生充分利用数字化时代的各种学习资源，如在线平台、专业论坛等，以获取最新的行业和技术发展信息。通过融合线上与线下多种学习方式，帮助学生更全面地理解和掌握所学知识。

最后，作为知识传授重要载体的教材也需要与时俱进。除了传统的纸质书籍外，还应引入电子版教材和其他多媒体资料。这样不仅可以加快内容更新速度，还能提供更多样化的学习体验，更好地满足不同学生的学习需求。

2.正确识别关键与复杂环节

课程内容的难易程度对学生学习的积极性和成果有直接影响。然而，现阶段我国高校专业课程设置存在重点难点不明确或过于表面化的问题。通常，课程的重点和难点划分主要参考教材、教师经验或学科通用要求，却忽视了学生的学习需求和行业发展的实际需要。为了解决这个问题，我们需要根据各专业特点，明确每门课程的核心内容和难点。

首先，教师应采用差异化教学策略，针对不同难度的内容调整讲解方式。对于关键复杂的部分，教师需深入剖析；相对简单的知识点则可简要介绍。这样能帮助学生更明确地把握学习重点，提高学习效率。

其次，在评估学生学习成果时，应根据知识模块的难易程度采用多元化评价方法。例如，通过项目作业、案例分析、小组讨论等多种形式，全面考查学生对不同难度知识点的理解和应用能力。这种做法既能确保学生充分吸收和掌握所学内容，也能激发他们的学习兴趣和参与度。

3.紧密结合行业需求

当前，许多高校学生的关注点在于课程内容的实用性，然而，许多院校的专业课程在这一方面尚待提升。因此，将课程内容与行业实际紧密结合，提升其应用价值，显得尤为重要。以下几个方面可以作为改革的切入点。

首先，对理论课程内容进行整合优化。通过梳理和重组课程体系，提炼出核心且实用的知识点。这种精简既有利于教学资源的合理利用，也确保了学生能够高效掌握主要知识，从而实现优质学习效果。

其次，在理论课程中加强实践环节。借助情境模拟、任务驱动、实物演示等教学方法，让学生在真实或接近真实的环境中应用所学知识。这样的实践训练不仅有助于深化理论知识理解，还能培养学生的实际操作能力和解决问题的能力，为他们的职业生涯奠定坚实基础。

（三）优化课程设置以提高教学效果

高校在专业课程的设置上存在诸多问题，如课程开设顺序不合理、各类课程比例失衡，以及每学期课程数量过于烦琐等，这些问题直接导致了教学效果不尽如人意，学生的学习体验也受到很大影响。为此，我们有必要对这些问题进行全面优化，以提升教学质量和学生的学习感受。

1. 优化课程类别分布以实现教学目标

在当今的高等教育体系中，课程通常被划分为公共课与专业课、必修课与选修课、理论课与实践课。这种划分往往呈现出一种"金字塔"结构：基础广泛的公共课程虽然数量不多，但占据了大量的学时；相比之下，更专业的课程和实际操作的机会则显得相对有限。此外，尽管选修课程提供了较多的选择性，但由于课时限制和个人选择范围的局限，学生很难从中获得充分发展。这导致了学习内容广泛但不够深入，并且有时候学到的知识难以直接应用到实践中去。

为了改善这种情况，有必要重新平衡各类课程的比例，使得教学计划更加符合学生的需求。具体来说，可以考虑减少公共课程的教学时间，为学生提供更多专注于专业领域核心知识的学习机会。对于必修课和选修课之间的比例也应作出调整，增加专业选修课的数量和灵活性，这样不仅能够加强学生的专业知识背景，还能够促进他们个人兴趣的发展。此外，在理论教学与实践训练之间找到更好的结合点至关重要。通过引入更多形式多样的实习项目，并根据每门学科的特点来安排具体的实践活动，可以使学生在学习过程中就能开始运用所学知识，从而实现真正的学以致用。

这样的改革旨在构建一个更加均衡合理的课程体系，既能保证学生掌握扎实的基础知识，又能激发他们的创新思维与实践能力，最终培养出既有广博视野又有专长的优秀人才。

2.优化学期课程安排，助力学生全面发展

课程比例的平衡对于教育质量起着重要作用。然而，许多高校在课程设置中，公共课和专业必修课占据了主导，而专业选修课和实训课程却未能得到足够重视。为了改善这种状况，我国各高校需要重新审视并调整各类课程的占比，确保专业选修课和实训环节得到应有的关注。

首先，在公共基础课程方面，可以考虑对现有课程设置进行精简。例如，减少部分传统政治教育和体育类课程，转而提升计算机科学和技术英语等实用型科目的比重，以更好地满足现代社会的需要。

其次，针对专业课程，应优化必修课程的内容布局。通过提炼关键知识点和突出教学重点，使每一门必修课程都能高效地传递核心信息。同时，扩大选修课程的范围，并给予学生更大的自主权，让他们能够根据自己的兴趣和发展需求选择深入探索的方向。

最后，实践能力的培养应与理论知识紧密结合。理想的情况是在完成某一理论模块的教学后，立即开展相关的实操训练或项目工作坊等多样化的实践活动，这将有助于加深学生对所学内容的理解，并有效提升他们的实际操作技能。

3. 合理规划课程开设顺序以提高科学教育效果

为了确保教学效果最大化，必须合理规划课程设置的顺序。这需要兼顾学生心理发展的自然规律和学科知识的内在逻辑。理想课程应循序渐进，从简单到复杂，从抽象概念过渡到具体应用，理论学习与实践操作相辅相成。大学一年级时，可开设基础公共课程如政治教育、英语语言和体育活动等，同时引入专业入门课程，奠定坚实的理论基础。二年级重点放在专业理论课程，助力学生构建完善的知识体系。到了三年级，应增加实践技能训练课程，并提供丰富的选修课，让学生探寻兴趣所在。根据课程需求，安排短期实习也很重要。四年级时，教学重点完全置于实践环节，包括毕业前的综合实习、毕业设计或论文撰写等，以检验和巩固学生的综合能力。

（四）优化创新课程实施

为了提升高校教育质量，我们必须对教学目标、教学设计和教学方法这三个核心环节进行优化。通过改进这些方面，可以大幅提升学生的学习效率，从而提高毕业生的整体素质。

1. 培养学生综合素质，助力成长

在教育领域，师生角色的定位一直是一个热议的话题。传统观念中，教师被视为课堂的主导者，这种观念的转变并非一蹴而就，导致现今的教学模式仍以教师讲授为主，学生多数时候处于被动接受的地位，缺乏主动学习的意识和创新精神。为了培养学生的自主学习能力并实现全面发展，我们有必要改变这一现状，秉持"以学生为中心，教师为引导，促进师生互动"的教学原则。

首先，在教育理念上，我们需要确立学生的主体地位。这意味着在教学过程中，教师应更加关注学生的情感需求和个人成长，激发他们的学习兴趣和主动性，从而使他们能在积极的环境中更好地吸收知识。

其次，在教学方法上，教师需根据学科特点和学生的成长阶段，灵活运用多种教学策略。例如，采用互动式教学法和情境模拟等启发性教学手段，不仅能提高学生之间的交流与合作，还能促使他们独立思考，主动寻求解决方案。这样的教学方式有助于培养学生的批判性思维能力和解决实际问题的能力。

2.探索线上线下融合的教学方法创新

随着数字经济时代的来临，传统课堂教学正逐渐被颠覆。如今，众多教育机构开始采纳"MOOC+SPOC"等线上线下相结合的教学模式，微课和翻转课堂等创新教学方法也成为教育技术改革的主要趋势。高等教育也须顺应这一变革，通过构建高品质混合式课程体系，全面提升人才培养质量。

具体实施策略为"线上 MOOC 视频讲解＋线下教师指导"相结合。在线环节，借助 MOOC 平台的丰富资源，帮助学生系统学习理论知识；面对面课堂教学则着重于案例分析、小组讨论及实践操作，强化知识理解与应用。同时，充分利用 MOOC 平台互动功能，如在线论坛、即时反馈等，让教师能实时了解学生学习进度，并提供个性化辅导和支持。

这种将"知识传授、思维训练和能力培养"相融合的新教学模式，既能激发学生主动学习的兴趣，又能显著提升教学效果。通过改革措施，高等院校有望打造一系列高品质"金课"，为社会输送更多专业知识扎实、实践能力出众的人才。

3.提升第二课堂实践成效

"第二课堂"作为对传统课堂教学（即第一课堂）的补充，对高

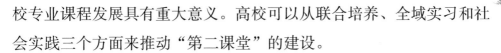

校专业课程发展具有重大意义。高校可以从联合培养、全域实习和社会实践三个方面来推动"第二课堂"的建设。

首先，联合培养是一个重要的切入点。这包括两方面：一是加强与国内外其他高等院校的合作，推行学生交换项目和联合培养计划，以促进跨文化交流与学习；二是深化与企业的关系，不仅要扩大现有合作伙伴，还应拓展至国际知名企业及外资企业，为学生提供更加丰富的实习机会。这不仅可以拓宽学生的国际视野，还能提升他们的语言能力和业务技能。

其次，全域实习环节也需要精心策划。学校应充分发挥组织者的角色，从横向和纵向两个维度进行规划。横向方面，积极与各类企业和相关机构建立联系，以增加学生的实习选择；纵向方面，实行"短期＋轮岗"的实习模式，让学生在有限的时间内体验不同岗位的工作内容，更好地将所学知识应用于实践，并满足社会和企业多样化的用人需求。

最后，社会实践活动是"第二课堂"的重要组成部分。鼓励学生参与志愿服务、专业竞赛、创新创业比赛等活动，让他们在实际操作中提升能力、积累经验。同时，这些活动也能帮助学生认识到自身与他人之间的差距，激励他们不断进步和自我完善。

（五）课程评价的科学实施方法

为了提升学生对课程评价的认同度，并进一步优化人才培养过程，我们有必要在评价体系的依据、内容、时间及结果等方面进行深入研究和改进。

1.依托行业现状，探索未来发展之路

当前，我国高校专业课程的评价体系过于侧重理论学习成绩，对学生的实际操作技能和职业能力等方面的考查往往不够充分，甚至完全忽视。这种过度依赖成绩的评价方式，使得学生过分追求高分，而忽视了其他能力的培养和发展。为了更全面地评估学生的综合素质，我们需要构建一个以能力为核心的新评价标准，全面考查学生的多方面能力。

首先，新评价体系应强调学生对基础知识和基本技能的掌握与应用，涵盖理论知识和实践技能，确保学生能够将所学应用到实际情境中。

其次，评价内容需要全面扩展到学生的职业素养，包括但不限于文化素养、服务意识、应变能力、创新思维和团队合作精神等。通过对这些维度的评估，可以更好地了解学生在职场中的适应能力和潜在价值。

最后，我们也不能忽视非认知因素。例如，学生的意志力、人格特质、情感状态和个人品格等方面，这些都对他们的长期发展有着重要影响。因此，在评价过程中，我们需要纳入对这些非认知因素的考量，以形成对学生更加全面的评价。

2. 致力于学生全面发展

当前，我国高校专业课程的评价方式过于依赖书面考试，这种单一的总结性评价已无法满足学生全面发展的需要。为了更好地激发学生的学习热情和创新精神，应当构建过程性评价与总结性评价相互补充的综合性评价体系。

首先，总结性评价可以保留传统的理论考核方式，如试卷考试和论文撰写等，以此评估学生对专业知识的理解和掌握程度。其次，过程性评价应更注重多样性和实践性。

日常作业网络化：利用现代信息技术，通过网络教学平台提交多种类型的作业，如文本、音频、短视频等，丰富作业形式，同时提升学生的多媒体制作能力和信息素养。

考核形式创新化：引入更多创新型考核方式，如专业技能竞赛或情境模拟任务，让学生在实际操作中展现职业技能和解决问题的能力。这种方式既检验学生理论知识，又培养实践应用能力。

考核过程实践化：鼓励并指导学生参与科研项目、社会调研等实践活动，让他们在真实工作环境中锻炼自己。这样的经历有助于提升学生的实际操作能力，同时增强社会责任感和团队协作精神。

3. 遵循科学公正原则

课程评价在课程建设中具有举足轻重的地位，它能有效地监测教学效果。然而，合理安排评价时间对于确保监控效果至关重要。当前，大多数高校主要依赖总结性评价，如中期考核或期末考试，但这存在两大问题。首先，由于评价时间集中于学期某一阶段，难以实时发现并解决学生在学习过程中的具体困难，可能导致问题累积，影响学习进度和效果。其次，总结性评价多采用传统纸质试卷，通过量化评分确定成绩，这种方式单一，可能引发主观偏差，导致评价结果失去公平性。

为解决这些问题，建议采用过程性评价与总结性评价、定性评价与量化评价相结合的综合性评价体系。这将实现以下目标：一是及时反馈，通过定期的过程性评价，如日常作业、课堂参与、小组讨论等，实时了解学生学习状况，并提供及时反馈和指导，助力解决学习中遇到的困难；二是多元考核，引入多样的考核方式，如项目报告、口头报告、实践操作、在线测试等，全面评估学生知识掌握和实际应用能力；三是多方参与，除任课教师外，还可邀请同行评估、行业专家及学生互评，提高评价的客观性和全面性，减少由单一教师评分而产生主观偏见；四是不断改进，通过过程性评价，教师可更好地调整教学方法和内容，满足学生需求，提高教学质量。

第四章　高校教育教学创新实践与发展

第一节　高校教育教学理念创新

一、高校教育教学理念的创新路径

（一）更新教学理念

1.更新教育观念，构建实践导向的教学理念

实践教育致力于将高校课程中的自然科学、人文科学及道德教育理论知识，通过系统化的实际操作进行深化与融合，进而提升学生的理解力和应用能力。在这一过程中，科学教育与人文教育应紧密融合，贯穿于人才培养的各个阶段，旨在培养学生既具备实践技能和创新能力，又拥有较高的人文素养和科学素质，确保他们能够满足社会的实际需要。为促进学生的全面发展，高校应在校园文化建设中建立新的激励机制，鼓励学生积极参与创新和创业活动，并提供相应的支持。这种做法不仅能够激发学生的积极性与创造力，还能有效推动实践教育的深入实施，进而更好地适应现代社会对高素质人才的需求。

2.确立以学生为中心的教学理念

在教育实践中，高校必须高度重视并尊重学生的主体地位，充分激发他们的内在潜能，致力于培养其健全的人格。这意味着要将学生的个人志向、社会对人才的实际需求以及学校的教育引导融为一

体，以此推动学生在知识获取、能力增强、思想品德修养以及身心健康等方面实现均衡而全面的发展。这一教育理念应贯穿高等教育的每一个环节。在教学模式的构建上，我们应采纳灵活的教学计划，引入学分制和主辅修制度，从而赋予学生更大的选择空间和自主权。这样的制度设计旨在让学生能够自由安排学习时间和空间，重点培养他们的创新能力和实践技能。就教学目标而言，所有的教学活动都应以满足学生个体需求和发展为核心，确保教育内容与学生的成长需求相契合。在教学方法的选择上，我们应积极推广"以学生为中心、教师为引导"的互动教学模式。鼓励教师运用问题导向、案例分析、小组讨论和情境模拟等多种教学策略，通过启发式、互动式和探究式的课堂实践，促使教师角色由传统的知识传授者向现代的研究型导师转变，同时引导学生从被动接受知识转向主动探索学习。这种方法不仅能够提升教学效果，还能有效激发学生的主动性和创造力。

3. 丰富多样的教学组织形式

在实施教学组织过程中，应灵活运用多样化的教学手段，改革传统教学方法，激发学生的个性与潜能。我们的目标是引导学生通过探索和研究，培养自主学习的能力，将教学重心从单纯的知识传授转变为提升学生的认知能力和综合素质。为打破以往以教师、课堂和教材为核心的传统教学模式，我们应促进师生互动，积极开展专题讨论，鼓励学生独立探索与合作学习，以培养他们的探究精神和批判性思维。同时，重视教学的创新性和个性化指导，让学生在与教师日常互动中，自然而然地受到影响和熏陶。此外，教学应注重实践操作，为学生提供丰富的实践机会，激发他们参与科学研究和实践活动的热情。这样的做法不仅能增强教学的活力，还能有效提高学生获取新知识、分析解决问题以及沟通协作的能力，助力学生全面发展，更好地适应未来社会的挑战。

4. 制定高校教育资源均衡配置政策

为实现教育资源在重点大学与一般大学间的均衡分配，我们需在推进"双一流"高校建设的同时，重视提升一般大学的办学水平。针对地区间高等教育质量差距的加剧，应制定针对性强的区域性高等教育政策，确保教育资源在各地区的均衡分布，激发区域高等教育的发展活力。

在学科专业布局上，应科学规划，创新教学内容与课程体系，使之与社会需要同步，确保人才培养与市场实际需求相契合。构建学科专业时，应坚持"厚基础"原则，为学生奠定坚实的专业知识、能力和素质基础。同时，专业布局要贯彻"宽口径"理念，拓宽学生视野，使专业教育更加灵活多样，适应不同领域的需求。通过优化课程结构，强化跨学科交叉培养，提升教学质量，全面提高学生综合素质，促进其全面发展。此外，各高校应依据自身特色合理定位，遵循差异化发展原则，打造具有特色的优势学科，避免发展模式的同质化。通过这样的教育资源合理配置，不仅能够推动教育公平，还能促进高等教育的科学发展，为社会培养更多高素质人才。

5. 因材施教，确立以学生为中心的教学理念

因材施教的核心在于准确把握每位学生的独特性和需求，为他们量身打造个性化的教育方案。这要求我们细致入微地分析学生的个体差异，并据此制订出与之相匹配的教学计划。教育公平的真正含义，并非让所有学生接受千篇一律的教育，而是确保每位学生都能获得最适合自己的教育，这体现了教育公平的适应性原则。我们需充分认识到，学生是教育过程中的主体，他们是具有独立性格和发展潜能的个体。在制定教学目标、选择教学模式、设计教学内容及采用教学方法时，应始终坚持"以学生为中心"的理念，尊重学生的主体地位，充分挖掘他们的潜能，促进其个性发展，塑造健全人格。这样做

不仅有助于学生在知识、能力、情感等多方面实现均衡发展，更能有效促进教育公平的实质性实现。

6.建立高校教育教学质量保障体系

高校教育教学质量是个人全面发展的基础，同时也是推动经济社会发展的重要动力。为了构建一个高效的教育教学质量保障体系，我们需遵循相关政策法规，重视以下几个主要方面：首先，应规范学科专业建设，通过科学规划避免重复建设，减少教育资源的浪费，确保资源得到最大化利用；其次，设立独立的评估机构，构建权威且中立的高校教育教学质量评估体系，以全面、公正地进行教学质量评估；再次，加强监督机制，提升对高校教育教学质量的监管力度，完善评估政策，保障教育质量的不断提升；最后，发挥社会监督作用，充分利用社会各界力量，对高校教育教学实施有效的外部监督。总之，追求高校教育教学的公平性是教育公平的核心，也是推动教育创新发展的关键。我们必须不断深化教育教学改革，优化教育结构，提升教学质量，以实现学生全面发展，并推动高校教育教学公平目标的最终实现。

（二）办学特色形成

第一，高校若要形成鲜明的办学特色，必须确立独树一帜的教育理念和教学思想。这些理念和思想在特定的历史时期和社会环境中，不仅指引学校的办学定位和发展战略，而且能够适应时代变迁和社会对教育及人才培养的新要求。它们符合创新发展的趋势，遵循教育进步和社会发展的普遍规律，推动教育向更加完善和高效的方向发展，促进学生的全面发展，并优化人才培养的整个过程。教育创新是教育思想深刻变革的驱动力。先进的教育理念能够促进办学理念的实践转化，包括对办学目标和办学模式的改革和创新。为了达到这些新要求，高校需探索有效的策略和途径，并对办学实践的成效进行综合评估。通过这样的过程，高校不仅能够塑造出自己独特的办学特色，还能确保教育活动与时代同步，更好地满足学生和社会的发展需要。

第二，高校的核心竞争力在于构建其学科特色，学科建设的优劣直接影响其在人才培养、科研创新和社会服务等方面的职能表现。因此，构建具有鲜明优势和特色的学科体系，是提升高校综合实力和服务质量的关键。一所学校的独特性常常反映在其学科设置上，这不仅涵盖特定领域的专长，也涉及多领域知识融合的综合学科架构。具有竞争力的特色学科，凭借其创新性和不可复制性，在高等教育领域中独树一帜。

对于高校而言，盲目追求规模扩张或跟风新兴领域并不可取。相反，应当专注于发展几个能体现学校最高水平的优势学科。通过集中力量发展这些学科，可以打造出学校的品牌特色，并促进其他学科的同步发展。正如田长霖教授所指出的，那些跃升至世界一流水平的大学，往往是在一两个研究领域取得了突破性成就，而非面面俱到。因此，有志于脱颖而出的高校，需明确自身的优势学科，并致力于将其发展到世界领先水平，是实现飞跃性发展的正确策略。综上所述，一所大学的办学特色及其在全球教育舞台上的地位，在很大程度上取决于其是否能够成功建立并不断强化自身的核心优势学科。

第三，高校的办学特色应深植于其精神文化的根基，这种文化核心在于思想与学术的自由、人格道德的塑造以及对真理的不懈追求。所谓的"高校精神"，是在长期的教育实践中，由全校师生共同塑造并传承的一种独特的价值观念和行为准则。它不仅反映了学校的传统与文化，更代表了学校的核心理念及其在社会中的定位。如同个人品格一样，高校精神是学校生命力的源泉，它指引着学校的发展方向，成为凝聚全体成员的强大力量。这种精神特质既是学校历史文化的积淀，也是未来发展的驱动力。它体现了学校成员共同的价值观、思维方式和行为模式，是学校整体形象、风格和水平的集中反映。通过不断弘扬和发展这种精神，高校能够打造出鲜明的教育特色，增强凝聚力、影响力和社会认可度。因此，高校需致力于营造一个有利于培育和发展特有精神文化的环境。在树立办学理念和开展教学活动时，都应围绕如何更好地彰显和传播这一宝贵文化遗产。只有这样，高校精神才能代代相传，并成为推动学校持续进步与创新的关键。简而言之，高校精神是决定办学特色和长远发展的基石，只有深刻理解和积极践行这一理念，高校才能在激烈的竞争中保持活力，脱颖而出。

（三）创新课程体系与教学内容

1. 课程体系创新

为了提升人才培养质量，必须对学科专业课程结构进行优化与调整，采取因材施教的原则，实施分层教学与分类培养策略。这涉及开展主辅修、双学位项目、定向培养方案及中外合作办学等多种教育模式，以满足不同学生背景的学习需求和个人发展目标。在课程设置上，应摆脱传统的单一课程类型限制，构建一个均衡而灵活的课程体系。新课程体系需合理规划综合课程、必修课程与选修课程的比例，确保学生实现"本科标准 + 实践能力"的双重发展。同时，要充分考虑学生的个体差异，通过理论学习与实践操作相结合、融合人文素养教育与专业知识传授、补充校内教学与校外体验式学习，打造一个促进学生全面发展的教育环境。最终目标是培养学生具有深厚的文化底蕴和创新能力，同时在基本技能、通用技能、专业技能以及跨领域整合应用能力上实现全面提升。这样的改革不仅有助于学生更好地适应社会需要，也为他们未来的职业生涯打下了坚实的基础。

在高校教育中，构建一个全面的综合基础教育体系至关重要。这一体系应确保所有专业的学生均能接受国防教育、人文素养、自然科学基础知识及德育实践等方面的全面培训，以此赋予学生广泛的知识背景和坚实的基本功。同时，高校还应打造一个完善的综合实践教育体系。通过设立公共实践平台，支撑从专业实验、实习实训到设计项目、毕业设计（论文）、德育实践活动，再到科技文化交流和创新项目等多种实践活动的开展。这一体系旨在促进理论知识与实践技能的结合，同时激发学生的创新思维和操作能力。

为确保对学生综合实践能力的准确评价，高校需建立一套科学合理的考核机制，采用系统化方法评价学生在实践中的综合表现。针对"创新课程"的研究亦不容忽视，其理论基础不应局限于心理学，而应拓展至社会学、经济学、文化学、政治学及生态学等多个学科，形成跨学科的多元化视角。在此，对创新的理解不应仅仅停留在原创性发明，更应强调对现有知识技术的重新诠释、整合与应用，以创造新的价值。通过这些全面深入的改革措施，高校将能够培养出既具备深厚理论基础，又拥有较高实践技能的新时代人才。

创新课程的核心不在于简单地传授关于创新的知识、方法和策略，也不是仅仅围绕掌握学科知识。相反，这种课程模式强调通过综合实践活动，为学生营造一个自主探索、设计、体验、实践、反思以及生活化学习的环境。创新课程鼓励学生从自身的社会生活出发选择研究主题，通过研究开放性、社会性和综合性的问题，形成个性化的学习路径。这一过程不仅能够激发学生的创新精神和探究欲望，还能培养他们的开放性思维、社会实践技能及社会责任感。此外，创新课程还代表了一种先进的教育理念。在课程设计与实施中，除了设置独立的综合实践课程，传统科目也融入了挑战性的元素，增加了课程内容的复杂性和模糊性，以提升学习的难度，进而促进学生的探究能力发展。这种模式颠覆了传统教学模式，使学生面对不确定性和复杂情境时，能够主动思考和解决问题，从而全面提高他们的综合素质和创新能力。

2. 教学内容创新

为了培养具有"厚基础、宽口径、强能力与高素质"的复合型人才，我们必须对现行教学内容及课程体系进行彻底的重新规划与设计。传统课程往往局限于单一专业范畴，划分为专业课程、专业基础课程和基础课程三个层级。现在，我们构建了一个更为灵活多元的课程体系，涵盖专业必修课、专业选修课、学科必修课、公共必修课及公共选修课，以此丰富学生的知识结构。在新课程体系中，我们按照学科大类平行设置多门课程，覆盖学科专业课程、新型公共基础课程、文化素质教育课程及实践性教学课程等广泛领域。同时，我们提高了选修课的比例，精简了必修课的数量，并对公共课程实施分级分类教学，以适应不同学生的需要和发展目标。

所谓"厚基础"，意味着确保学生能牢固地掌握各学科的基础理论、知识和技能，并能在实践中灵活运用。因此，我们将重点发展一系列精品课程，强化学生对基础理论、知识、技能及方法的学习与实践。同时，我们致力于打造优秀的核心课程和品牌课程，尤其关注那些基础良好、适用性广的学科专业基础课、核心课程和专业课程，力求使其达到国家级精品课程的水平。这些改革措施不仅能提升教学质量，还能为学生提供更全面、个性化的学习体验。

"宽口径"教育理念致力于拓展学生的专业知识领域，将专业设置从狭窄的对口性转变为广泛的适应性，以此提升学生的综合素质，为社会培养更多高素质人才。在课程体系建设上，我们着力于优化整体结构，增加跨学科的专业融合，提高知识品质，并强化文化素质教育。除了基础的公共必修课程，我们还设立学科必修课程，通过构建分类课程平台，促进文科与理科的交叉融合。同时，引入跨专业课程，增强不同学科间的相互渗透，为学生打造一个更为广阔的发展空间。这一策略不仅有助于优化学生的知识结构，还能让他们根据个人专业特长、兴趣爱好和发展方向自主选择课程，进而拓宽专业领域，全面提高综合素质。

以"强能力、高素质"为目标，旨在促进学生的全面发展，提升其综合素养。通过分析、模拟、教学等多种形式，强化实践教学，增强课堂内外的实践环节。通过开展社会实践、社团活动和专业实习等多样化的实践活动，培养学生的实际操作能力和务实精神。同时注重学生的人格塑造，充分挖掘他们的潜能，重点培养他们从具体案例中提炼普遍规律的调查分析能力，以及从一般原则到具体问题的解决能力。通过这些措施，帮助学生形成良好的思维习惯，使其在面临复杂问题时能够进行有效的可行性分析，最终培养出具备强大能力和高素质的毕业生。

3. 注重实践教学创新

为了高效推进实践教学，学校需构建多样化的实践平台，既在校内提供丰富的机会，也通过与校外企业、社会机构的合作，建立稳定的实习和实践基地，形成广泛的实践网络。学校还应积极组织学生参与社会服务、调研和实习等活动，以培养他们的职业操守、坚韧不拔的意志和艰苦奋斗的精神。同时，学校应有计划地引导学生提升职业道德素养，激发他们主动提高职业水准的内在动力。在此过程中，培养学生的实践创新能力至关重要。学校应大力支持学生的创新创业活动，挖掘并强化他们的创新意识、创新精神和创新能力。在建设创新型国家的背景下，这种全面的创新素质正逐步成为学生在就业市场中的关键竞争力。通过系统的实践教育和创新训练，高校能够为学生未来的职业生涯打下坚实基础，帮助他们在激烈的市场竞争中脱颖而出。

（四）创新教学模式与方法

人才培养是一项涉及多方面的系统工程，它要求我们不断探索和优化其内在规律，摒弃陈旧的教学模式。为此，我们积极倡导"教学民主"理念，对传统教学模式进行创新，融入研究性、开放性和互动性教学等多种先进模式，这些模式都充分体现了"教学民主"的精神。在这一改革过程中，着力凸显学生的主体地位，激发他们的主动参与和探索热情，挖掘其内在的学习潜能，营造一个民主而和谐的学习氛围。通过这些创新的教学方法，培养学生的自主学习能力，构建和谐的师生关系，进而充分调动学生的学习积极性与主动性，确保学生在德、智、体、美、劳等各方面得到全面而和谐的发展。这不仅能够显著提高教学质量，还能更好地适应现代社会对高素质人才的需求。

1. 推行研究性教学，激发学生创新意识

教学从单纯的知识传授向注重能力培养的转变，要求我们在教学方式和方法上进行根本性的改革。推行研究性教学是实现这一转变的重要途径，也是研究型大学人才培养的重要特征之一。研究性教学模式将教师的研究思想、方法及最新科研成果融入教学过程，使教学与科研紧密结合。

在这种教学模式下，教学活动建立在坚实的科研基础之上，科研成果又能反过来促进教学质量的提升。教学与科研相互促进，形成良性互动，并向学生全面开放。通过这种方式，学生在参与教学的过程中能够接触到科研前沿，从而激发他们主动思考、积极探索和实践创新的意识。

研究性教学不仅有助于学生掌握学科知识，还能培养他们的问题解决能力和创新能力。这种教学方式鼓励学生积极参与科学研究，培养他们在面对复杂问题时的独立思考能力和实际操作能力，为他们未来的职业发展打下坚实的基础。

第一，情感与习惯的培养。研究性学习首先是一个情感活动的过程。通过让学生自主参与研究性学习，使他们能够获得亲身经历和体验，从而逐步养成在日常生活中勇于探索、积极求知的良好习惯。这种过程不仅激发了学生对知识的好奇心，还增强了他们对探索和创新的渴望。

第二，探索与思维能力的提升。研究性学习也是一个探索的过程。在一个相对开放的学习环境中，学生能够主动寻找问题并探讨解决方案。这一过程不仅锻炼了学生的思维能力，还培养了他们发现问题和解决问题的能力。此外，研究性学习有助于学生掌握科学的学习方法，提高他们在资料收集、分析、总结以及利用多种手段获取信息方面的能力。

第三，互动与合作精神的培养。研究性学习强调互动与合作。在这个过程中，学生之间的沟通与协作至关重要。研究性学习为学生提供了一个良好的平台，让他们能够在团队中发扬团队精神，分享资料、信息、创意和研究成果。通过这样的互动，学生学会了如何合作、发现并克服困难，共同解决问题。

第四，实践与全面素质的提升。研究性学习也是一个实践的过程，要求学生从实际出发，实事求是地进行研究，尊重他人的研究成果，并保持严谨的学术态度。这一过程不仅提升了学生的创造能力和实践能力，还帮助他们形成了积极的人生观和价值观。通过综合运用各门学科的知识，学生加深了对已学知识的理解，提高了积极参与和自主创新的能力。同时，研究性学习还使学生更深刻地认识到科学对自然和社会的积极意义，引导他们思考国家、社会、人类与世界的和谐发展。

2. 推行开放性教学，激发学生创新能力

开放性教学是一种新型的教学模式，旨在引导学生主动探索知识，培养其自主创新学习能力。这一模式的核心理念是以学生的全面发展为中心，通过开放教学目标、方法、内容及过程，将传统的封闭式课堂转变为充满活力的开放式环境。在这种模式下，学生成为学习的主体，能够自主掌握学习主动权，积极探求新知识，进而激发创新潜能。

在此过程中，教师应超越教材和教案的限制，为学生提供广阔的发展空间，创造有助于自主发展的教学情境。教师需依据学生的发展需求，灵活调整教学步骤，激发学生的学习热情，推动他们在积极探索中实现健康、全面、和谐的发展。开放性教学不仅是一种方法或模式，更是一种以学生为本的教学理念。它的根本宗旨是挖掘和培养学生的创新潜能，通过开放性的教学活动，实现最佳的教学效果。这种教学方式强调以学生为核心，重视培养自主学习能力和创新思维，为学生的未来发展奠定坚实的基础。

3. 创新互动教学模式，助力教学质量提升

互动性教学，作为一种注重师生互动、双向参与的教学模式，旨在通过活跃的课堂氛围和及时的反馈机制，提升教学效果与质量。这种模式强调多维度的互动，包括教学内容的探讨、理念的交流、心理的沟通及情感的共鸣，从而在教师与学生之间构建起一种紧密的合作关系。

互动性教学充满活力，具有创新性，它融合了现代教学理念，以互动和启发为特征。教师在此过程中，需依据教学大纲精心组织有目的的学习活动，并根据学生的个性化需求进行因材施教。同时，这种教学模式也激励教师不断探索新知，提高自身的专业素养和教学

技能。在这一模式下，学生成为学习的主体，而教师则扮演着引导者的角色。师生之间的平等对话和交流，为学生营造了一个轻松自由的学习环境，有效减轻了他们的学习压力。学生参与到教学计划的制订和决策中，不仅促进了他们的自主学习能力，也激发了创新思维。

通过互动性教学，教师能够有效激发学生的学习热情，促进他们个性的全面发展。这一模式不仅关注知识的传授，更重视学生综合素质的培养，从而为提升整体教学质量奠定坚实基础。

二、创新高校教育教学理念的实施策略

（一）倡导终身学习理念，融入教学实践

终身教育与学习型社会的理念，自近代以来，一直是全球教育界和思想界关注的焦点。构建终身教育体系、打造学习型社会，已经成为联合国及世界各国推进教育改革、促进社会发展的重要战略。

终身教育的支持者强调，教育不应受时间与空间的限制，而应是连续和整体的。这与传统教育将人生机械划分为学习、工作和退休三个阶段的做法大相径庭。终身教育打破了传统教育的框架，它主张教育应贯穿人生的每一个阶段，并渗透到生活的各个方面。这不仅指从出生前到生命终结的各个时期的教育，也包括在学校、家庭、社会等多领域所受的教育。

终身教育的核心在于将教育视为一个连贯的过程，而非局限于某个年龄段或特定场所。通过建立这样的教育系统，能够更好地满足人们在各个生命阶段的学习需求，推动个人全面发展，并奠定一个充满活力的学习型社会的基础。

构建终身学习体系，是《中华人民共和国教育法》和《面向21世纪教育振兴行动计划》中明确提出的战略目标。终身教育和终身

学习已成为我国教育和社会发展的理想追求，建立和完善这一体系，是我们不可推卸的责任。

为实现此目标，首要任务是树立终身教育的理念，将各类教育形式有效融合，优化资源配置，并创新高等教育模式。高校需担当终身教育发展的主力军，依据社会需要和职业标准，提供高等教育、岗位培训、知识更新及继续教育，满足经济社会发展对多样化人才的需求。

同时，强化开放办学的重要性也不容忽视。根据联合国教科文组织的《德洛尔报告》，大学若能向所有希望学习、更新知识或丰富文化生活的成年人开放，将成为终身教育的理想平台。我国高校正逐步从传统模式向开放办学模式转变，大力发展远程教育和网络学校，实施"宽进严出"政策，为大众提供本科和专科水平的教育机会。远程教育和网络学校的灵活性和便捷性，使其成为适合在职人员学习的新选择，有望成为 21 世纪高等教育发展的新动力。

高校教育作为培养未来人才的重要基地，应当积极开放与合作，以促进教育质量和社会服务能力的全面提升。

首先，高校应深化与企业的合作，发挥其在社会主义经济建设中的独特作用。通过构建教学、科研与经济建设相结合的联合体，高校不仅能够增强自身的办学效益和自我发展能力，还能更有效地服务于社会，推动产业的进步与发展。

其次，高校需树立国际视野，主动拓展国际交流与合作。借鉴世界各国高等教育的先进经验，可以使我国高校教育体系更加开放和多元化。这种开放态度有助于高校形成面向社会、放眼全球的教育格局，培养出适应国际竞争与合作的人才。

综上所述，高校应充分利用自身优势，深化校企合作，提升教育质量和社会服务能力。

（二）探索德育教学模式的多样化拓展

从职业发展理论视角分析，高校德育教育在塑造职场个体职业精神和职业道德素养方面发挥着重要作用。然而，鉴于高校教育对象具有其独特性，德育教学面临着极大的挑战，既艰巨又复杂。传统的德育教学方法往往难以实现预期效果，导致德育在高等教育体系中成为一个较为薄弱的环节。

1.丰富德育课程内容体系结构

现代德育立足于社会现代化和人的现代化的基础之上，旨在推动个体现代化的同时，助力社会整体现代化进程。高校德育在构建其内容时，应更加注重反映个人道德发展的现实需求和社会发展的时代要求，强调广泛性与现实性的结合。在这一背景下，职业道德教育显得尤为重要，它不仅是衡量从业者道德水平的标尺，更是树立正确劳动态度和方向的决定性因素，关乎劳动者素质的提升和社会进步的质量。在高等教育中，职业道德教育处于核心位置，它不仅影响学生的个人职业发展，也关系到整个社会的和谐发展。

高校德育教育还应引导学生树立科学先进的价值理念，培养他们在面对科技、经济和社会快速变革时，能够进行正确地判断、选择和创新。随着时代的发展，传统的道德观念和规范可能不再适用，因此，提出新的道德准则和规范至关重要。此外，高校德育教育需关注新兴领域的道德规范，如科学道德、信息道德、经济道德、网络道德和生态道德等，这些领域的问题日益突出，对个体和社会的影响日益增大。将这些内容融入德育教学，有助于学生理解和应对新的道德挑战。

通过这些综合措施，高校德育教育不仅能够更好地适应现代社会的需要，还能有效提升学生的道德判断力和创新能力，使他们成为既具有高度职业道德素养，又能为社会发展作出贡献的专业人才。

2. 探索德育教学多样化模式

在深化德育教学的过程中，我们应充分挖掘和利用现有的教学资源和条件，对成熟的教育方法和模式进行创新与发展。首先，加强课堂教学中德育元素的融入，因为这是学生获取知识的主渠道。针对高等教育的特点，在规划课程内容时，应紧跟市场经济的发展步伐，灵活调整德育教育的目标。这要求我们从传统的"完人道德"理念转向更加契合时代需求的"高等道德"观念。在这一转变中，我们要坚持先进性与普遍性的统一，立足于市场实际，倡导一种既能实现个人利益又有利于他人的价值观，明确提出以"利己而不损人"作为基本道德准则，并将培养健全人格作为德育工作的核心。

其次，重视激发学生的主动参与意识，促进师生互动，营造一个轻松而充满活力的学习氛围，以有效推动德育工作的开展。可以通过邀请专家举办专题讲座等方式，为学生提供关于人生观、职业道德、现代教育技术及中华优秀传统文化等方面的深入指导。无论是课堂教学还是课外活动，德育工作都应围绕帮助学生树立正确的人生观，让他们深刻认识到良好道德品质对个人成长的重要性，从而更加积极地投身于自我修养之中。

要充分发挥多媒体技术在德育教学中的作用，以适应当代高等教育对德育教育的新需求。传统课堂教学方法已不能满足这一要求。因此，在开展德育教育时，应运用生动案例触动学生心灵，通过引导他们进行自我反思和情感共鸣，培养他们对高尚道德行为的认同，帮助他们在复杂的社会环境中确立个人价值定位。这需要我们融合现代教育技术与信息技术，实现资源的有效整合。

借助电影、电视剧、教学视频等多媒体资源，我们可以利用其直观、多样和丰富的内容，吸引学生注意力，加深他们的理解，提升教学效果。同时，积极开发网络教育资源，比如在线课程和远程教育平台，以突破传统校园的时空限制，提供更加灵活便捷的学习途径。将知名专家学者的讲座视频或专题报告制作成电子资料，上传至教学辅助网站或分发给有条件的学习中心，供学生随时学习。

这种创新的德育教育模式不仅超越了传统课堂的局限，而且利用互联网的广泛覆盖和快速传播特性，极大地拓展了德育教育的空间，实现了全天候、不间断服务，更有效地满足了在校生的成长需求。

3. 完善德育教学评价机制

鉴于高等教育的特殊性质，对大学生的德育评价应采用更为复杂和全面的方法。对于明确纳入教学大纲的知识点，我们可以通过传统的书面考试进行评估；而在思想意识方面，则应结合学生的日常行为观察和品德评定来进行；至于实际行为表现，则主要依据实习或工作单位的反馈和定期的跟踪调研结果来评判。

为激励学生在道德修养和个人发展方面更加积极，建议建立一套完善的奖励与表彰机制，既包括精神上的肯定，也提供物质上的奖励，以此鼓励他们在学业和思想上不断进步。对于那些德育表现不佳的学生，应及时进行指导和纠正，帮助他们发现并改进自己的不足。

多年来，高校通过实践探索，逐步构建了一套基于职业发展规划的高校德育综合评价体系。该体系通过确立一系列科学合理的评价标准，确保德育教育的实效性，并为学生的未来职业生涯打下坚实基础。它不仅关注学术成就，更重视培养学生的社会责任感、职业道德和人格魅力，以培养出高素质的人才。

4. 构建德育教学管理的多元化网络体系

高校德育教育是一项系统而复杂的工程，它需要学校、家庭及社会三方面共同参与和协作，以构建起一个高效有序的管理网络。遵循国家相关政策的指导，并结合高等教育的实际情况，学校应制订一套科学合理、操作性强的德育教学计划，其中应包括明确的教学目标、周密的内容安排和具体的评价标准。同时，建立健全的考核机制，例如，通过配置班主任来加强日常管理，并组织党团活动等，确保德育工作的有效实施。

此外，学生所在的社区和工作单位同样肩负着重要的责任，它们负责监督学生的日常生活行为和思想动态，同时提供必要的思想政治教育支持。对于在职学习的学员来说，其所在单位应积极参与到对其道德品质和个人表现的评估中，及时反馈信息，协助学校全面掌握学生情况。

（三）构建多元化的教学策略

为了改革高等教育教学模式，我们必须紧紧围绕学生未来职业生涯的实际需求，设计出灵活多元的教学方案，并构建一个不受时间与空间限制的学习体系。这一教学模式应充分体现高等教育的特色，紧密联系大学生的生活现状、需求和挑战，强调能力的培养和教学方法的多样化融合。

新型教育模式应着重培养学生的批判性思维与实际操作技能，而不是仅限于理论知识的传授。同时，它还应重视提升学生解决问题的能力，以及面对职场快速变化和多元价值观时的适应性和包容心态。课程目标不仅要强化学生的综合素养，还要在尊重个性发展的基础上，激发他们的创新潜能。

根据教学对象的特点，我们可以将多元化的教学模式细分为全日制、业余及函授三种模式，以适应不同群体的学习需要。

①全日制教学模式

教学目标：旨在帮助学生系统性地掌握专业知识、方法与技能，全面提升其综合素质。

教学内容：包含基础理论、专业理论及专业技能的培训。

教学方法与手段：以课堂教学为核心，结合实验实践教学和网络教学资源，为学生提供全面的学习体验。

②业余教学模式

教学目标：使学生能够系统地掌握关键知识，并具备相关专业岗位所需的知识结构和应用能力。

教学内容：涵盖基础理论、专业理论及其在实践中的应用。

教学方法与手段：主要通过课堂教学进行，辅以网络平台，以便于学生根据自身时间灵活安排学习。

③函授教学模式

教学目标：使学生初步掌握必要的理论知识，为深入学习打下基础，并培养基本的应用能力。

教学内容：聚焦于基础理论和专业理论的学习，以及这些理论在实践中的应用。

教学方法与手段：以网络教学为主，通过在线课程和远程教育技术实施教学，同时辅以面对面教学，以增强互动性和指导性。

这种细分的模式充分考虑了不同类型学生的学习需求和特点，通过优化教育资源配置和技术应用，力求实现最佳教学效果。每种模式均强调基础理论与实践技能的结合，并根据学生群体的具体情况调整侧重点和实施方式，以更好地服务于他们的职业发展和个人成长。

在构建多元化的教学目标时，以下几个关键点至关重要。

①着重能力培养

背景：函授生和业余生通常具备一线生产、服务或管理的实践经验，但理论知识相对欠缺。

目标：通过深化专业知识的学习，强化理论与实践的结合，提升学生综合运用专业技术的能力。这不仅有助于他们应对市场变化的新趋势，还能在职场中寻求更佳的职业发展机会。

核心理念：高等教育模式应围绕满足教育需要的核心，将"能力培养"作为首要教学目标。

②实施跨时空教学策略

挑战：成人教育学生常面临工作与学习的冲突，且文化基础参差不齐，这增加了教学组织和质量提升的难度。

解决方案：网络教学方式能够有效解决这些问题，它打破了时间和空间的限制，为成人学生提供了灵活的学习平台。同时，网络教育也能作为传统教学的补充，帮助基础知识薄弱的学生进行有效学习。

功能要求：多元化的教学模式需配备虚拟学习环境和在线学习社区，以支持学生随时随地学习的需求。

③转变教育观念，创新教学方法

必要性：为适应高校学生的心理特点和社会发展需要，必须转变传统的教育观念，并不断创新教学方法。

方法选择：选择符合学生认知发展和社会技术进步的教学策略，确保教学内容既符合学术标准又贴近实际应用。

综合考量：这些措施将共同推动构建一个更加开放、互动、支持个性化发展的教育体系，以更好地服务于学生的成长和发展。

第二节　高校教育教学方法创新

在探索高校教育教学方法的创新策略时，关注以下两个关键点至关重要。首先，汲取不同地区教育方式的精华，可以极大地丰富教学手段。这种借鉴并非仅仅评判方法的优劣，而是通过引入多样性来增强师生对教学过程的体验。多样化的教学方法能够唤起更深层次的学习共鸣，避免单一模式导致的枯燥乏味。

其次，在吸收外部先进经验的同时，我们必须充分考虑到这些方法所处的文化背景和技术条件与实际环境之间的差异。这要求我们认真分析每种方法产生的原始情境，并根据实际情况灵活调整应用策略。在遇到技术障碍或限制时，应积极寻找替代方案或利用现有技术开辟解决问题的新途径，这一过程本身就是培养创新能力的重要环节。

结合创新理论原则，并对当前高等教育领域内有效且成功的教学实践进行深入研究，我们发现，虽然掌握创新原理和技巧是改革的基础，但这并不足以直接带来预期的成果。唯有不断深化对创新方法论的理解，并将其应用于实际操作中，才能真正有效地推动教育领域的创新与发展。

一、组合法

无论在自然界还是人类社会，组合创新都是一种广泛存在的现象。在教育领域，这种创新方式体现在将两种或多种教学方法及其理论元素相互融合，从而孕育出全新的教学模式。作为创新原理的核心之一，组合法在教学方法创新中起到了重要作用，其创新潜力几乎无可限量。

回顾 20 世纪，重大科技创新成就的年代特点各具特色：30—40年代，成就主要源于根本性突破；50—60 年代，突破型与组合型成果齐头并进；自 80 年代起，基于现有技术或知识基础上的重组创新成为主流。这一发展趋势有力地证明，随着时代的进步，运用现有资源进行创新性重组已成为一种至关重要的创新路径。

二、分离法

分离原理作为一种创新策略，其核心在于通过科学地剖析复杂问题，将研究对象进行分解，从而使其关键要素更加明确。这种方法能帮助创新者理清思路，集中精力解决核心问题。在教育创新领域，应用分离原理意味着要细致分析现有的教学方法，打破常规框架。按照特定逻辑对这些方法进行重组，强调并发展某一特定方面，创造出一个既能与现有方法相媲美，甚至还能超越它们的新教学方法。这种做法不仅能够充分发挥现有资源的潜力，还能推动教育实践的不断进步和创新。

三、还原法

创新的核心在于跳出传统思维的桎梏，挑战那些被广泛接受的"合理"观念，回归到事物的本质，探寻其"正确"的状态。这种思维方式要求我们深入问题的本质，超越表面的现象。在创新的过程中，这意味着要追根溯源，确立研究对象的基本功能，并致力于寻找实现这些功能的最优化路径和方法。

在教学方法创新方面，这一思路同样适用。我们需要回归到教学的基本需求和目标，从源头出发，探索解决问题的新视角和新路径。通过引入新的理念、技术和方法，我们可以重新构建教学策略，从根本上解决教育实践中遇到的问题。这种方法论强调了对问题的根本理解和处理，是实现真正创新和突破的关键。

四、移植法

根据创新理论，移植法是将某一领域的概念、原理或方法巧妙地应用于另一领域，以激发创新潜能的策略。正如古语"他山之石，可以攻玉"所启示的，这种方法的核心在于借鉴已有的成功案例，以启发新的创造。在教育创新中，移植法的应用同样能带来革命性的成果。

具体而言，教育领域中的移植法可以采取以下几种路径。

纵向移植：指在相同学科内部的方法迁移，如将基础教育的教学策略提升至高等教育，或将高等教育的先进研究方法下沉至基础教育阶段。

横向移植：涉及不同学科甚至不同国家和地区之间的经验交流与应用，从而在一个全新的背景下汲取灵感，创造适应本地实际情况的教学模式。

综合移植：是一种更为复杂的跨学科、跨地域整合策略，它不仅包括单一方法的移植，还涉及多种理念、思维方式和实践技术的全面融合。

对于教师和学生而言，任何新的教学方法都带有创新色彩。即使是引进其他国家的教学方法，也可能在本地产生积极的效果。例如，美国的教学方法引入中国后，往往能激发新的活力；反之，中国的传统教学方式若在美式教育体系中恰当应用，同样可能带来惊喜。通过这种多维度、多层次的移植，不仅能推动教学方法的创新，还能加深国际教育文化的相互理解和交流。

五、逆反法

逆向思维在创新过程中发挥着重要作用，它使我们跳出传统思维的框架，对现成的理论、技术和产品持有批判性的视角，并尝试从相反的角度进行深入思考和探索。事物往往具有两面性，这两面相辅相成，共同构成了一个完整的整体。人们通常习惯于从表面直观地理解和处理问题，这种做法有时局限了我们的视野。然而，如果我们能有意识地运用与传统相左的思维方式，却往往带来意想不到的创新突破。在教育领域，"深入浅出"是一种受到广泛认可的教学方法，旨在将复杂概念简化以便学生理解。但从逆向思维的角度重新审视，对于高校课程中的某些内容，"深入浅出"可能并非最佳选择。相反，"浅入深出"的教学策略，即从基础简单的概念出发，逐步引导学生探索更为复杂的知识领域，可能会更有效地激发学生的兴趣，并促进教学效果的提升。这种方法不仅能够激发学生的好奇心，还能推动他们对更深层次知识的理解，进而实现更佳的学习成效。教师若能巧妙运用逆向思维的原则，优化教学策略，就能让课堂变得更加生动、有趣且富有成效。

六、强化法

强化作为一种创新的策略，依托于科学的分析与准确判断，通过精心策划来增强现有教学方法的效果。这种方法通过对常规教学手段进行提炼、精简、聚焦或扩展，能够激发出更为显著的创新成效，给学习者留下深刻的印象。观察那些荣获国家级"教学名师"称号的教育工作者，不难发现他们中的多数人正是借助强化法取得了突出成就。他们把常规的教学手段提炼并升华为具有独特风格和高度概括力的"概念化"模式。同时，他们遵循分离原则，从传统教学方法中筛选出核心元素，进行深入挖掘与拓展，直至充分发挥其潜力，达到应用上的最佳效果。这一过程不仅为教学方法注入了新颖元素，也大幅提升了教学效能。

七、合作法

高校的教育教学活动，其本质是一种深度合作的过程。尽管如此，这一观点长久以来并未得到充分认可，导致教学方法往往倾向于单边主义，形成了一种根深蒂固的传统。为了创新现有的教学方法，推动高等教育的发展，关键在于回归教学活动的本质。有学者提出，"对话教学法"是一种建立在师生平等和学生自主探究基础上的合作创新模式。这一模式进一步细化为四种具体的对话教学模式："以教师为中心""以学生为中心""师生关系平等"以及"突出问题焦点"。实际上，对话教学法体现了合作创新的精神，任何教学方法的创新都离不开多方合作的支撑。随着科学技术的进步，现代创新越来越依赖于团队智慧的集合，而非单打独斗。在过去，许多创新成果主要依靠个人的知识和智慧。然而，在当今时代，面对如人造卫星、宇宙飞船、空间实验室和海底实验室等复杂项目，单一学科的知识已无法应对挑战。这些大型项目的成功实施，需要跨学科的知识和技术融合，依赖于团队成员间的紧密合作与交流。因此，在教学方法创新中，强调合作的重要性尤为关键。这不仅能够促进更有效的学习体验，还能激发更多元化的创意解决方案。通过加强师生之间的互动与合作，可以为高等教育注入新的活力，使其更好地适应快速变化的社会需要。这样的转变，将为高校教育带来深刻的变革。

第三节　高校教育教学课程创新

一、构建与研究高校教育课程的创新理论体系

（一）当前高校教育课程理论的研究概况

我国高校教育课程建设的研究呈现出多元化的观点，其中王伟廉教授的观点颇具代表性。他提出，我国高校课程研究的发展历程可大致划分为四个主要阶段：一是经验主导阶段（20世纪50年代中期至60年代中期），在这一阶段，高校课程的设计与教学活动主要依靠实践经验，缺乏系统的理论指导；二是理论探索阶段（1978年

至 20 世纪 80 年代末），随着改革开放的深入，高等教育领域逐渐重视课程与教学理论的研究，这一阶段的研究涵盖了教育理念、专业设置、课程开发与评价等多个方面，虽然成果较为分散，但标志着我国高等教育界对课程研究领域的初步觉醒；三是理论初建阶段（20世纪 80 年代末至 1997 年），在这一阶段，大量系统性的专著和文献涌现，对课程与教学的基本理论进行了总结，并逐步构建起较为完整的理论体系，标志着我国高校课程研究步入成熟和规范化的新阶段；四是深化发展阶段（1997 年以后），进入新世纪，高校课程研究进一步深化，不仅在理论上更加丰富和完善，还在实践应用中不断探索新的模式和方法。尽管其他学者对这些阶段的划分有所不同，但总体上仍遵循着相似的历史脉络和发展趋势。这些不同的划分共同勾勒出我国高校课程建设从经验积累到理论构建，再到不断深化的演变轨迹。

多年来，我国高校课程理论研究主要聚焦于三个方面：首先，专业设置方面，研究重心是如何科学地规划专业，以及何种专业设置能确保有效性。曾昭伦教授曾提出，专业设置应依据国家建设的实际需要，并依此制订招生计划。他强调，每个专业都应配备详尽的教学计划，所有课程均为必修，不设选修。他认为，随着当时我国经济趋向计划性，教育也需具备计划性，以保障在质量和数量上及时输送合格人才。此外，学者们还梳理了通才教育和专才教育两种模式，探讨了它们的发展趋势。通才教育模式通常在较高学科层面设置，培养具有广泛适应性的学生，但职业针对性不强；而专才教育模式则更注重具体学科、职业或产品的培养，致力于培养专门人才。其次，课程体系的构建是研究的核心，涉及专业教学计划的编写以及教学大纲和课程内容的处理。关键在于建立合理的课程结构，平衡基础课程与专业课程的关系，以及必修课程与选修课程的比例。一个完善的课程体系能够平衡学生基础知识与专业技能的培养，同时满足不同学生的学习需求。最后，课程综合化的研究探讨了其内涵与成因。课程综合化旨在融合不同学科知识，突破传统单一学科界限，让学生在更宽广的知识背景下学习。这一趋势反映了现代教育对跨学科能力培养的重视，并满足了社会对复合型人才的需求。这些研究方向的共同努力，促进了我国高校课程理论的进步与完善，为高等教育提供了更为科学和系统的指导。

（二）高校教育课程理论体系的构建与研究

在高等教育领域，构建与发展课程理论是一项既复杂又漫长的任务。受不同哲学思想的启示，形成了多样化的课程理论流派，包括泰勒倡导的科学（或理性）课程理论、施瓦布的自然主义课程理论，以及受到后现代思潮影响的激进课程理论、解释学及审美课程理论等。尽管如此，至今还没有任何一种理论能够全面适应所有教育情境，这凸显了课程理论领域的多元性和不断发展的动态特征。

学者们对课程理论的发展充满兴趣，但更为关键的是如何将这些理论有效应用于高校教育实践。大学课程理论体系不仅聚焦于抽象概念，更重视其在具体操作中的应用价值。这一体系涉及培养目标的确定、课程政策的制定、结构设计、标准建立、资源开发、评估机制的确立，以及教师专业发展和教育创新等多个层面。它是一个由多个关键环节紧密相连的整体系统工程，需要政府部门、研究机构与高等院校的紧密合作，尤其是教师作为核心角色的作用不可或缺。在这一过程中，内外部环境及宏观与微观因素都会产生影响。要成功构建课程体系，就必须确保每个组成部分的质量都达到高标准，并且各要素之间能够有效协同。总之，一个完善的大学课程理论体系应当能够全面推动高校教育的改革与发展。

课程设计与实施应紧密围绕培养目标进行，这要求在构建课程理论时，深入理解和诠释培养目标。虽然各学校或特定学科、专业设定的培养目标具有独特性，但在我国高等教育领域，关于人才培养目标的讨论却形成了普遍共识。自新中国成立以来，我国本科教育始终以培养专门人才为核心目标。

在我国高等教育课程设置与结构方面，理论研究的不足已成为一个紧迫问题。具体来看，高校的课程体系缺少系统化、科学化和合理化的理论指导，这导致了课程之间以及学科之间的融合度不够，课程比例结构亟待优化，与培养目标的对接也未能达到预期。目前的研究多集中于应用层面，指出了如重理论轻实践、过分强调专业知识而忽视能力培养等问题。这些问题凸显了教育实践中由于对专业深度的追求而常常忽视了对学生综合素质和实操能力的培养。同时，课程内容的专业性被过度强调，而其综合性及课程的技术性则被忽视。这些问题的根本在于理论研究的缺失。比如，课程设计往往固守单一学科的传统模式，未能充分认识到跨学科学习的重要性；在课程类型上，必修课被偏好，而选修课和综合课程则受到冷落。这些问题不仅限制了学生的全面发展，也制约了教育质量的提升。鉴于此，迫切需要课程理论研究者深入探究如何构建科学合理的课程框架，促进课程间的衔接与整合，同时提升活动课程、选修课程和综合课程的地位。通过不断深化理论研究，可以为我国高等教育发展提供坚实的理论支撑，确保学生接受到既具专业深度又广具适应性的高质量教育。

为确保课程质量达到高标准，制定一套明确的课程建设规范至关重要。课程质量受到诸如教师的教学和学术能力、教学环境和设备、教学方法及教学成效等多重因素的影响。因此，在课程建设过程中，对这些关键要素提出具体要求，对于全面提升教学质量极为必要。以下为课程建设标准的几个主要方面。首先，师资队伍的建设至关重要。教师是课程设计与实施的中坚力量，其专业素质直接关系到教学成效。在教师数量上，应保证每门课程至少有两名教师，以维护教学的连续性和促进学术交流，形成教学梯队，支持科研和教学改革。教师不仅要有扎实的专业知识，还需具备较高的教学技能和终身学习的意识。其次，教学条件是保证教学质量的基础。教学文件应完备，如教学大纲需明确课程定位、目标及与其他课程的联系。教学内容应翔实，大纲中要详细阐述课程目标、主要教学内容、重点和难点，以及章节间的逻辑关系。课程内容应与时俱进，及时融入学科的最新研究成果。最后，教学管理对于课程质量的不断提升同样不可或缺。应为每门课程设立教学研究小组，专门负责课程的管理与改进。建立完善的教学管理制度，涵盖教学档案、教师评估、教学质量监控等方面。建立反馈机制，定期收集学生意见，用于教学改进，同时鼓励教师参与教学研究和学术交流，提高教学和专业水平。通过这些标准的制定与实施，可以显著提升高校课程的总体质量和教学成果，更好地满足学生成长与发展的需要，并为教育管理者提供明确的指导，助力构建更加高效、科学的课程体系。

构建高校课程理论体系是一项既复杂又系统的工作，它不仅涉及师资队伍、教学条件、教学管理等多个要素，还包括课程评价、教师专业发展、制度创新等多维度的考量。这一领域横跨广泛的研究范畴，涵盖多样化的研究内容。我们在此仅从几个核心角度出发，探讨了课程理论建设的重要性与必要性，并指出了当前课程理论与实践中存在的若干问题。比如，如何建立科学的课程评价机制以不断提升教学质量，如何通过教师教育提高师资的专业能力，以及如何通过制度创新推动整个教育体系的进步。实际上，打造一个全面而高效的课程理论体系是一项长期且具有挑战性的任务。这要求课程研究者、教育实践者及相关机构携手合作，不断进行探索与完善。只有通过不懈的努力与创新，才能逐步构建起符合新时代需要、促进学生全面发展的课程理论体系。这项事业责任重大，道路漫长，我们期待更多专业人士加入其中，共同推动高等教育质量的不断提升。

二、加强学科课程开发的研究与实践

尽管学科课程在教育史上拥有深厚的历史根基和丰富的教学经验，但随着科技的进步和认知科学的深入发展，其设计仍需不断进行优化与调整。在初等教育阶段，每门课程通常对应一个明确的学科领域。然而，在高等教育特别是专业教育中，一个学科往往涵盖了一系列相互关联的课程或课程群。本书旨在探讨学科课程在高校教育中的这一独特构成形式，并探讨如何通过不断改进来满足新时代的教育需要。

（一）学科课程应具备开放性，以促进并融合跨学科内容

面对当前学科知识高度分化与综合并存的局面，以及交叉学科的不断涌现和社会需求的日益多样化，传统大学课程体系，以培养专才为目标，强调深度和专业性，已不足以应对新的挑战。新时期的课程体系构建，须在继承传统优势的基础上，对课程组合进行创新性调整。首先，应提升基础理论课程的地位，加大那些稳定性强、价值持久的知识内容比重。这为学生打造了一个坚实的认知基础，有利于他们终身学习和深入研究。其次，我们需要打破学科间的界限，推动课程内容的横向扩展，探索边缘学科和跨学科领域。比如，在设置公共基础课、学科基础课和专业基础课的同时，引入更多的综合性、边缘性和交叉学科选修课程，这不仅能满足高校教育多元化的培养目标，也能适应多元经济时代对人才的多样化需求。这样的课程体系，能让学生紧跟现代科技的发展步伐，迅速接触到科学前沿，培养出未来社会所需的高素质人才。

此外，积极探索跨学科课程的开设尤为重要。这类课程旨在拓宽学生的知识视野，打破专业和学科的界限。在科学快速发展和学科不断分化的背景下，引入边缘学科和交叉学科内容，可以促进学生实现专业知识综合化发展，更好地满足现代社会对复合型人才的需求。

（二）学科课程应强调综合性，促进学生全面发展

在当今社会，一个人的知识若过于狭隘，即便在特定领域具有深厚的学识，也难以称之为全面发展的人才。高校教育为适应社会多元化的需求，已经确立了全面多维度的人才培养目标。因此，开设综合性课程成为打破学科界限、促进知识融合的必然选择。这种综合性课程的设计并非单纯地将不同学科内容简单拼接，而是在遵循教育基本规律的基础上，进行内在逻辑紧密的优化组合。文科、理科、工科等学科的相互渗透与交叉，不仅能够拓展学生的知识视野，还能有效提升他们的思维能力，推动学生全面而和谐地发展。此外，这种课程设置有助于实现自然科学与社会科学、科学教育与人文教育的有机融合，促进跨学科研究的发展，并孕育出新的学科群落。通过这样的综合性课程，学生得以在更宽广的学术领域内获取知识，增强解决问题的能力，为更好地适应未来社会多元化需求奠定坚实基础。

（三）学科课程设置应具备前瞻性，促进知识创新

在科技迅猛发展的当下，高等教育课程设计必须与时俱进，预见学科发展趋向。这不仅意味着继承和融合前人的知识与经验，更要反映出学术界的最新动态和发展态势。因此，我们需要摒弃传统的固定教学模式，构建一个能够动态调整、灵活应对改革的课程体系。在这一过程中，应当留出充足的空间，以激发师生间的互动与创新精

神，鼓励他们积极探索未知，勇于实践新的理念。一个理想的课程体系，应当建立在坚实的知识基础之上，同时具备系统化的结构；它还应当具有国际视野，适时融入全球科技文化的最新成就，并增设预示未来科学与社会发展方向的创新课程。实际上，全球众多国家的高校已经在更新课程内容上做出了积极努力，吸纳前沿研究成果，开设了面向未来的课程。这正是现代教育改革的一大特色：以前瞻性和创新性为追求，着眼于未来的发展趋势。通过这样的改革，可以确保教育体系更加契合社会进步和个人发展的需要。

（四）拓宽国际视野，探索开设国际化课程

在发达国家的高等教育体系中，早已深刻认识到培养具备全球视野人才的重要性。以哈佛大学和耶鲁大学为例，它们致力于培养具有国际视野的毕业生；麻省理工学院则专注于培养能在全球工程技术领域引领潮流的人才。这些例子凸显了跨越文化界限，汲取世界文明精华对个人成长的重要性。

自 21 世纪以来，信息化社会的来临和全球人才竞争的加剧，使得高等教育国际化成为不可逆转的趋势。这一趋势不仅反映了世界经济一体化的需求，也预示着未来国际全方位竞争的加剧，其中教育质量将起到至关重要的作用。为此，我国高校必须积极调整课程设置，增强国际化的教学内容，以培养学生的全球视野。具体来说，我们应当增设更多与国际标准接轨的专业课程，如外语学习、国际关系、跨文化交流和全球化管理等。同时，应及时更新科技前沿和国际市场动态的相关教学内容。这样的举措，不仅能帮助学生掌握必要的国际知识和技能，还能促进他们形成更加开放和包容的心态，为未来在全球化环境中取得成功奠定坚实的基础。

第四节　高校教育教学评价创新

一、高校教学评价体系的构成要素分析

从系统论的视角来看，教学评价体系是一个由多个相互关联、相互作用的组成部分构成的复杂整体。在"三要素论"中，该体系主要由评价主体（如政府和学校）、评价对象（教师与学生）及评价工具（例如量化的评价表）构成，同时还包括评价目的和结果等非核心要素。而"四要素论"则进一步将其细分为评价主体系统、评价客体系统、评价目标系统及评价参考标准系统，尽管分类有所差异，但两种理论都强调了评价体系的核心构成。

实际上，一个完善的教学评价体系应当被视为一个涵盖广泛的社会系统。它不仅包含被评价的主体（教师和学生），还包括评价的多种中介与手段，如评价方法、技术、工具、指标体系、模型、程序、信息处理机制，以及相关的规章制度等。这些要素之间的紧密互动，共同构建了一个动态、高效的教学质量保障机制。借助这一综合性的评价体系，能够更有效地推动教学质量的不断改进与发展。

高校教学评价构成一个复杂的多维体系，涉及政府、公众、学校、教师、学生及中介机构等多方参与。从外部视角看，宏观层面的教学评价主要由政府、公众和中介机构负责监控和管理；而内部教学质量的评价，则更多依靠学校、教师和学生的共同协作。高校教学质量的评价主要分为两部分：一是对教学主体的评价，如教师；二是检测学生在课堂上的学习成效。鉴于高等教育专业性强、学科交叉融合

度高，以及高校职能的多样性，教学评价工作显得尤为复杂，且难以完全量化。作为高校教育自我提升和发展的重要工具，教学评价是理性审视教学过程的重要手段。通过这一机制，高校能够不断优化教学质量，确保教育活动更好地适应社会需要和个人发展的需要。

高校教学评价内容广泛，涵盖了办学效益和效率的多个维度，主要可概括为四点。首先，是办学条件与设施的有效性。良好的教学环境和先进设施是确保教育质量的关键。评估这一方面旨在促进学校和管理部门加大对软硬件资源的投入，优化资源配置效率。同时，通过不断改进教学条件和设施，确保这些资源能够最大限度地发挥其价值和效用。其次，是教学运行机制的效能。一个高效的教学管理体系对于教育教学活动的顺利进行至关重要。这包括学校的组织结构、职能划分、人员配置及规章制度等。对这一机制的评价有助于优化教学计划的制订与实施，加快教育改革步伐，提升整体教学管理水平。再次，是人才培养模式的成效。这一模式体现了学校整合教育资源、设置课程及采用教学方法的策略，是高校教育理念和特色的显著体现。评价重点在于该模式在实际应用中的效果，即是否能够培养出满足社会需要的人才。最后，是办学传统与特色的影响力。每所高校都有其独到的文化和传统，这是学校魅力和竞争力的源泉。办学传统和特色不仅塑造了学校的形象，也对学生成长产生了深远影响。评价其影响力，实际上是对学校文化传承和社会影响力的考量。综合这些方面的评价，不仅能全面把握高校当前的教学现状，还能为未来教育发展提供重要参考，推动高等教育体系不断完善，更好地服务于学生和社会的发展需要。

二、高校教育教学评价的创新应用与实践探索

近年来，教学评价实践证明，现行的评价方案在推动高校教学

进步和提升教育质量方面起到了显著作用。然而，尽管成果显著，我们应清醒地认识到，作为我国首次大规模进行的高校教学评价，实际操作中仍然存在一些问题和不足。首先，当前评价方案对所有类型的高校采用统一标准，缺乏针对性，亟须进一步完善。其次，某些评估指标设计不够具体，使得评估专家在执行过程中难以准确掌握标准。因此，我们必须针对不同层次和类型的高等学校的实际情况，制定更详细、更具针对性的评价方案，以实现更有效的分类指导。为了更好地促进高校的多样化发展，我们应当构建一套符合各高校特点和发展需求的教育评价体系。这样的体系不仅能帮助高校明确自身定位和发展方向，还能激发它们在特定领域的创新与特色发展。通过这一机制，可以鼓励高校探索适合自己的教育模式，进而全面提升我国高等教育的整体水平。

高等教育的核心在于人才培养的质量，这要求高校依据社会和个人发展的需要，确立明确的教育教学目标，并通过一系列措施确保这些目标的实现。对于教学型院校而言，其教学质量评价属于水平评估，这与研究型大学的咨询评估以及高职高专的合格评估存在本质区别。因此，构建一套科学合理、适应教学型院校特点的教学质量评价指标体系显得尤为重要。综合国内外文献，我们可以归纳出影响本科教学质量的多个主要因素，诸如教学理念、办学定位、教学水平、内部教学质量监控体系、教学与科研结合、教师队伍建设、招生及生源质量、学风建设、课程设置、人才培养模式、学科建设、教育方法改革、教学管理、教学条件及国际化程度等。这些因素对教学质量的影响各有不同，有的是直接显著，有的则是间接作用。在制定评价指标时，应着重考虑那些对教学型院校教学质量具有决定性作用的因素。以研究型大学为例，其重点在于建立探索性的教育模式，实现教学与科研的紧密结合，从而体现研究在教学中的核心地位。

三、评价的创新与趋势

目前我国是世界上规模第一的高校教育大国，高校教育发展的重点已经从扩大规模转向提高质量。提高人才，特别是创新人才培养水平的要求变得日益迫切。我们要建设高校教育强国，就必须有较高的入学率、竞争力和完善的制度体系。今后高等院校教学评价的趋势有以下特点。

（一）兼顾统一性与多样性

当前，国际上高校管理呈现出一种新趋势，在增强高校自主权的同时，强化问责机制，并对高校的质量与绩效进行深入评估。为适应这一趋势，我国教育部将不断推进由高校教育评估中心负责的教学评估工作。在此背景下，我国将实施分层分类的评价体系，旨在凸显各高校的办学特色。具体而言，高校根据其定位和特色，分为研究型大学、教学型大学、高等职业院校和民办学院等不同类别，或根据归属性质和层次划分为省属重点高校、普通本科院校及民办学院等。这些分类方法有助于更准确地评估各类高校的表现。评价过程将广泛邀请政府、学校、用人单位、专业团体、社会人士及中介机构等多方参与，共同构建高等教育质量保障的共识。评价形式也将多样化，包括综合评估、机构评估及学科专业（专题）评估等。在评价性质上，我们将采取比较性评估与发展性评估相结合的方式。比较性评估主要用于确定学校的等级和排名，而发展性评估则专注于发现问题和差距，并提供改进建议，以促进教学质量的不断提升。通过这一多维度、多层次的评价体系，能够更全面地反映高校的教学质量和办学水平，推动我国高等教育的整体进步。

（二）校外与校内质量保障体系的融合

在高等教育领域，内部质量保障体系是确保教育质量的根本，与外部社会监督机制相辅相成，共同维护教育质量。面对国际上广泛认可的将自我评估与第三方评估相结合的趋势，我国高等院校既要注重外部专业评审和认证，也要积极进行自我评价。高校应建立一个系统化、规范化的自我检查流程，制定明确的评估标准与指标，如公开自评报告，并在报告中凸显学校的办学理念和特色。《欧洲高校教育区质量保障标准与指南》为各国提供了全面的指导框架。我国可以参考此模式，构建和完善高校质量管理体系。在内部质量管理上，主要包括明确的质量政策与执行程序、对课程和学位的严格审核与复审、学生满意度调查、教学水平的不断提升、充足的学习资源和服务、高效的信息管理系统，以及透明度与及时的信息披露等。外部质量监控则采取多种手段，如资格认证、排名榜单、质量控制架构审查、全国性专项调研、评审专家资质确认和国家级质量保障体系的规划与发展。我国需强化高校自我评估的制度化和义务性，设定具体可衡量的目标，鼓励高校制定符合自身特点的发展路径，并确保过程的公开透明。这样的措施将激发高校追求卓越的动力，推动我国高等教育整体水平的提升。

（三）重视教育输入、过程与输出的均衡发展

在评价高校的教学质量和专业水平时，现有的评价体系已经从单一关注硬件设施，转变为全方位考量教育输入、过程及输出三个关键维度。教育输入涉及资源分配与学生来源，教育过程关注人才培养的实际执行，包括课程设置、教学管理、师资队伍建设及教学质量保障机制等方面。至于教育输出，则主要体现在学生的全面发展、毕业生的素质及其就业与职业发展上。这一综合评价方法不仅重视学校的物质条件，更强调"软件"建设的核心作用，如教师的教学能力、学生的学习体验和个人发展等。通过这种多角度、深层次的评估，我

们能更准确地判断一所高校是否真正实现了其教育目标，并为不断改进提供了科学依据。这一转变有助于确保高校更好地满足社会需要，培养出既有深厚专业知识又具备优秀综合素质的人才。

（四）教学质量评价中的两大核心关注点

1. 人才培养质量评价需高度重视教师的教学能力

教学过程实质上是一种以认知活动为核心的互动体验，涉及吸收前人经验、培养个人能力及树立正确态度。这一过程依赖于教师与学生的共同参与。在高等教育领域，教学活动不仅仅是知识的传授，更是一种融合专业性、独立性、创造性和实践性的深刻认知过程。教师的教学能力在此过程中具有重要作用，他们需根据教学内容和学生实际情况，灵活采用适当的教学策略。因此，评价高校教师教学质量时，应特别重视他们在研究性教学、探究式学习、创新实践和思想教育等方面的表现。构建高效的教学评价体系，须明确评估的具体指标，这些指标应与时俱进，考量教师是否能够激发学生的学习热情，调动他们的积极性，挖掘潜能，并指导学生进行研究和自主学习。同时，对教学效果的反馈同样不可或缺，它不仅能促进教师教学能力的提升，还能提供直接的支持和指导。为了不断提升教师的教学能力，及时的帮助和专业的培训至关重要。这不仅有助于增强教师的专业素质，还能确保教学质量的不断提升，进而优化整个教育过程。

美国加州大学欧文分校在教学评价中采用了一套全面的评价体系，涵盖十个不同维度以综合衡量教师的教学质量。这些维度包括：（1）教师对所教授科目的热情与兴趣；（2）教师是否成功激发学生的好奇心和求知欲；（3）课程目标的达成情况，即教学成果是否与预期相符；（4）教师对学生疑问的回应是否及时且令人满意；（5）是否营造了一个包容、公正的学习环境；（6）课堂上是否促进了学生批判性思维的发展；（7）知识点的讲解是否条理清晰、易于学生理解；（8）家庭作业和考试是否全面覆盖课程的核心知识点；（9）学生根据个人体验给出的总体评价；（10）学生对整个课程体验的质量反馈。每位教师的表现将根据 A（卓越）至 F（非常不理想）的六个等级进行评分，从而细致入微地反映教学效果及其对学生学习经历的影响。这一机制旨在提供一个多维度、详尽的教学质量反馈，以确保不断提升教学质量。

2. 注重学生学习能力的人才培养质量评价

当前学生评价体系存在一定的局限性，主要体现在过度偏重智力教育评估，这种评估往往局限于检测学生对知识的掌握，通常仅通过课堂考试来完成。此外，现行评价模式未能在学习过程中得到充分融合，未能有效地指导、规范和促进学生的学习行为。鉴于此，在设计学生评价机制时，我们应当注重以下几个主要方面。

（1）重视学校人才培养目标的评估

学校应当明确确立人才培养目标。这不仅有助于学生理解他们所选择的高校特色，还能让他们充分认识到在校期间将接受哪些教育和训练，以及毕业后有望成为何种人才。高等教育不仅应致力于学生专业知识的深厚积累，还应着重培养他们的道德素养、创新精神和能力、批判性思维、国际视野、专业技能，以及终身学习的习惯。当学生心中树立起这样的质量标准，他们便会更自觉地追求这些目标，并积极参与自我与学校的评价过程。这种主动性和自觉性不仅有助于个人成长与发展，而且将不断推动整个教育体系质量的提升。

（2）重视学生学习能力的评估

若想有效地提升学生的学习能力，不仅要提供高质量的教育资源，更应致力于营造一个有利于学习和发展的环境。这包括鼓励学生积极参与校园内外的活动，从而获得更加深刻的体验和认识。通过激发学生的主动性和团队协作精神，进一步丰富他们的教育经历，并增强学生自我学习的能力。这样的措施，不仅有助于学生的全面发展，也将显著提升学校的整体教育质量和学术声誉。

（3）重视学生创新与实践能力的评估

创新和实践能力的培养不应仅仅局限于书本和口头表达，也不只是通过增加几门课程来完成，而是应渗透至整个教育教学过程。高校需致力于探索并实践高效的评估机制，确保创新与实践能力的培养成为教师和学生的共同追求，并转化为他们的自觉行为。如此一来，创新精神和实践能力才能真正融入教育教学的各个环节，助力学生全面而和谐地发展。

参考文献

[1] 李晶晶. 基于信息化背景的高校教学管理资源共享研究 [J]. 互联网周刊，2024（16）：54—56.

[2] 陈嘉诚. 我国高校教师管理的伦理审视及其实现路径 [J]. 黑龙江高教研究，2024，42（08）：7—15.

[3] 马铁东，浮洁，罗磊. 高校教师多元评价体系构建的探索与实践 [J]. 大学教育，2024（13）：9—13.

[4] 魏海樱. 大数据视域下高校教师管理与评价改革研究 [J]. 教育教学论坛，2024（26）：181—184.

[5] 霍韬. 自媒体对高校教学管理改革研究 [J]. 中国报业，2024（12）：224—225.

[6] 孙理杨. 民办高校教师绩效管理存在的问题与改进路径 [J]. 人力资源，2024（12）：162—163.

[7] 刘士民，梁艳. 大数据时代高校教师评价与管理革新研究 [J]. 阜阳师范大学学报（社会科学版），2024（03）：113—117.

[8] 施敏静. 高校课堂教学管理创新与改革研究 [J]. 产业与科技论坛，2024，23（12）：239—241.

[9] 潘璐. 新媒体时代高校思想政治教育教学创新路径研究 [J]. 新闻研究导刊，2024，15（11）：163—165.

[10] 李政. 大数据对高校大学生教育管理的影响及策略 [J]. 大学，2024（16）：59—62.

[11] 周平遥，资涛 . 高校人事管理中教师个性化人才培养策略 [J]. 人力资源，2024（10）：137—139.

[12] 杨仕元，凌舒婷，范酉庆 .PDCA 循环理论视角下中澳高校教师绩效管理体系比较研究 [J]. 教育文化论坛，2024，16（03）：97—106.

[13] 何林，陶辉 . 基于学习产出教育模式的高校混合式教学创新研究 [J]. 黑龙江教师发展学院学报，2024，43（05）：72—75.

[14] 宋冰 . 基于创新驱动视角的高校教学管理服务体系的优化 [J]. 湖北开放职业学院学报，2024，37（08）：11—12+15.

[15] 弓迎宾，李彩艳，任建萍 . 高校实践育人创新创业载体和平台建设研究 [J]. 中国中医药现代远程教育，2024，22（10）：203—206.

[16] 武娟 . 高校教育管理信息化建设现状及解决措施研究 [J]. 电子元器件与信息技术，2024，8（04）：153—155+159.

[17] 刘影 . 教育信息化 2.0 时代高校教学管理创新研究 [J]. 产业与科技论坛，2024，23（08）：279—281.

[18] 周祥，张磊 .OBE 教育理念下高校混合式教学创新研究 [J]. 黑龙江教师发展学院学报，2024，43（04）：62—65.

[19] 崔华洁 . 信息化背景下高校思政课教学模式改革创新 [J]. 产业与科技论坛，2024，23（07）：156—158.

[20] 孟杰 . "双创"背景下现代高校教育管理路径研究 [J]. 产业与科技论坛，2024，23（07）：280—282.

[21] 王依晨 . 新媒体发展背景下高校思政课的挑战与创新对策探析 [J]. 新闻研究导刊，2024，15（06）：185—188.

[22] 孙丽 . 融媒体时代高校学生思想政治教育管理方法探析 [J]. 经济师，2024（02）：201—202.

[23] 史捷龙，刘嘉.高校大学生教育管理实效性的提升途径之研究[J].公关世界，2024（01）：169—171.

[24] 林岩.新媒体时代高校教学管理"以生为本"理念的践行路径[J].新闻研究导刊，2024，15（02）：161—163.

[25] 周小李，何妃霞.高校数字素养教育的观念更新与实践创新[J].中国教育信息化，2024，30（01）：111—119.

[26] 朱元捷，孙雪敏，刘畅.科教融合视域下高校课程思政建设的思考与探索[J].黑龙江教育（高教研究与评估），2024（01）：56—58.

[27] 王焱.基于数据挖掘技术的高校教学管理信息化探索[J].教育教学论坛，2024（01）：109—112.

[28] 王昕."双创"背景下高校教育教学改革探索研究[J].环境教育，2023（12）：57—60.

[29] 唐欣，朱奕璇.新文科背景下地方高校人才培养的实践路径探析[J].就业与保障，2023（12）：169—171.

[30] 陈欣雨.知识管理视域下高校公共艺术教育思政育人价值[J].黎明职业大学学报，2023（04）：70—74.

[31] 林思克，李荣，陈金伟.高校教师评价改革结构性矛盾的风险挑战与应对策略[J].广东轻工职业技术学院学报，2023，22（05）：50—58.

[32] 胡蓉.创新教育理念下高校教育管理改革的研究[J].福建开放大学学报，2023（05）：71—74.

[33] 黄明俊，孙南南.信息化时代背景下高校教学管理改革路径探析[J].教育教学论坛，2023（42）：73—76.

[34] 张亚红.高校教学管理信息化建设推动教育信息化发展的研究[J].现代职业教育，2023（24）：61—64.

[35] 张艳艳.新时代高校"大思政课"的本质内涵、教学逻辑与实践路径 [J].电子科技大学学报（社科版），2023，25（04）：71—78.

[36] 王莉方，覃永贞.我国应用型高校教师教学发展：特征、问题及对策 [J].北京联合大学学报，2023，37（03）：43—48.

[37] 伍琪.高校大学生心理健康教育管理体系构建研究 [J].现代职业教育，2023（11）：101—104.

[38] 蒋敏.辅导员视域下大学生安全教育管理工作探析 [J].无锡职业技术学院学报，2023，22（02）：59—62.

[39] 李明升.新形势下高校大学生教育管理实效性的提升 [J].创新创业理论研究与实践，2023，6（05）：79—81.

[40] 王莉.高校大学生日常教育管理的科学化研究 [J].河北开放大学学报，2022，27（06）：71—74.

[41] 王晓艳，梅俊强.基于创新教育理念的大学生教育管理 [J].山西财经大学学报，2022，44（S2）：61—63.

[42] 周玲.本科教育质量提升的理性思考与实践路径——基于"双一流"高校的视角 [J].北京教育（高教），2022（06）：14—19.

[43] 黄文武，王汀汀.高校智慧课堂教学构建探讨 [J].中国教育技术装备，2022（02）：14—16.

[44] 郑程挺."互联网+"背景下高校教育教学方式改革思考 [J].吉林省教育学院学报，2021，37（11）：116—119.

[45] 邱浩.创新高校继续教育学院管理模式的理论思考 [J].现代职业教育，2021（43）：194—195.

[46] 朱赫，俞仪阳.论学习特征变化下的高校教育教学改革 [J].江苏高教，2021（08）：94—98.

[47] 周爱军.新阶段转变高校教师教育教学观念的思考 [J].辽宁经济

管理干部学院学报，2021（03）：1—3.

[48] 李忆宁 . 高校教学管理效率提升路径研究 [J]. 黑龙江科学，2021，12（11）：150—151.

[49] 方霞 . 应用型高校提升本科教学质量路径研究 [J]. 天津中德应用技术大学学报，2020（05）：27—32.

[50] 刘振天 . 高校课堂教学革命：实际、实质与实现 [J]. 高等教育研究，2020，41（07）：58—69.